스토아주의

스토아주의

500년의 역사와 주요 개념에 대하여

Le stoïcisme

장바티스트 구리나 지음 | 김유석 옮김

글항아리

한국어판 서문

500년 동안 스토아주의는 고대 그리스 로마 철학 중에서도 가장 영향력 있는 철학이었습니다. 다른 어떠한 것도 고대에 그토록 오랫동안 영향을 끼치지는 못했지요. 예컨대 플라톤주의와 아리스토텔레스주의는 헬레니즘 시대에 이르러 상대적으로 쇠퇴를 겪었습니다. 이와 달리 스토아주의는 로마 시대에 이르러 네로의 스승이었던 세네카, 노예였던 에픽테토스, 황제 마르쿠스 아우렐리우스와 같은 유명인과 더불어 당시 모든 계급에 속하는 사람들의 마음을 사로잡으며 사회 깊숙이 뿌리내리게 됩니다. 비록 스토아주의가 중세에 사라지기는 합니다만, 이 사상은 르네상스와 근대에 들어 사람들이 '신스토아주의'라고 부르는 형태로 다시 등장합니다.

이렇듯 스토아주의가 성공한 비결은 확실히 그것이 매우 강력하게 일관된 이론을 지닌 철학이었으며, 동시에 구체적인 적용과 삶의 규칙을 담고 있는 실천적 '지혜'이기도 했다는 사실에 기인합니다. 스토아주의자들은 철학에서 '체계'를 만들어낸 사람들이었고, 그들의 철학은 윤리학과 자연학은 물론 논리학을 포괄했으며, 논증 형식은 무척 엄격하고 구조화되어 있었습니다. 동시에 그들은 철학을 '수련' 혹은 훈련으로 간주했습니다. 그러한 수련의 목적은 '자연에 부합하는 삶'을 살아냄으로써 우리가 행복에 이를 수 있도록 하는 것이지요. 그리하여 스토아주의는 지극히 이성주의적인 철학이 될 수 있었으며(예컨대 스토아주의자들은 우리의 정념이 영혼의 비이성적인 부분에서 비롯된다고 생각하지 않았는데, 이는 플라톤이나 아리스토텔레스가 주장했던 것과는 다른 것이었습니다), 동시에 자연에 매우 근접한 철학으로 머물 뿐, 초월이라든가 형이상학적인 차원은 인정하지 않았습니다. 따라서 스토아주의자들은 플라톤의 이데아와 같은 비물질적인 실체를 인정하지 않았고, 영혼 역시 물질적이며 사멸적이라고 생각했습니다. 그들에게는 신 또한 우리를 초월해 있는 어떤 실재가 아니었습니다. 오히려 신은 우주에 내재한 이성적 원리로서 몸에 내재한 (물질적) 영혼에 비교될 수 있는 것이었지요. 스토아주의자들은 이 세계와 자연이 일종의 거대한 생명 유기체이며, 우리는 그것의 부분이라고 보았습니다. 또 그들은 이 생명 유기체 역시 다른 동물들처럼 영혼의 지휘 아래 있다고 생각했습니다. 아울러 스토아 철학은 다소 대립적인 지적 욕구를 만족시키는 것이기도 했습니다. 왜냐하면 그것은 (로마인들의 실용적인 정신에 걸맞게) 실천적이고 간결한 성격을 띠면서도 (그리스인들의 교양에 부합하게) 세련되고 미묘한 요소들을 갖고 있었기 때문입니다. 또한 스토아철학은 우주에 내재한 신의 현존은 받아들였지만, 초월성이라든가 우리가 직접 경험하거나 만질 수 없는 비물질적 실재의 존재는 인정하지 않았습니다. 한마디로 이론적으로 매우 정교하게 가공된 것이면서도, 실천적인 차원에서 역시 효과적인 학문이었습니다.

스토아주의의 성공은 '스토아주의'라는 용어가 일정한 방식의 세계관과 특정한 실존적 태도를 지칭한다는 점을 고려할 때 적잖이 급작스러운 것처럼 보입니다. 사람들은 자신에게 일어난 사건을 일종의 숙명으로 받아들이려는 태도를 '스토아적'이라고 불렀습니다. 그런 태도가 스토아주의자들에게 속하는 것이라고 생각했기 때문이지요. 이러한 언어적 용법은 18세기 무렵에 유럽에서 나타났습니다. 확실히 그런 생각의 근거는 스토아주의의 실천이나 텍스트에서도 찾아볼 수 있습니다. 하지만 이러한 이미지는 사실 지나치게 단순화된 것에 불과합니다. 왜냐하면 그것은 스토아주의의 이론적 측면과 더불어 스토아 도덕론의 가장 적극적인 측면을 간과한 것이기 때문입니다. 사실 스토아주의자들은 무엇보다도 의무를 제일 철학의 주제로 만들었습니다. 이 개념은 키케로의 『의무론』에 잘 소개되어 있는데, 키케로 자신은 아카데메이아 학파의 제자였지만 이 물음과 관련해서는 자신이 스토아주의에 빚지고 있음을 인정했지요. 스토아주의에서 말하는 운명의 일상적인 의미와 달리, 실제로 스토아주의자들은 운명에 수동적으로 복종하는 데 만족하지 않았습니다. 오히려 그들은 일련의 의무를 남김없이 규정했지요. 이는 유대 기독교의 의무 개념보다는 덜 엄격한 것이었지만, 어쨌든 이후 칸트철학에서 정점에 이르게 됩니다. 의무에 관한 스토아적인 의미는 군사 교육과 관련해서도 로마인들을 매혹시켰던 게 분명합니다. 또한 스토아주의는 로마 지배 계급의 철학이었을 뿐만 아니라 노예 계급에게도 철학으로서 부과될 수 있었지요. 전설에 따르면, 스토아철학은 노예였던 에픽테토스가 고문을 견뎌내는 데 도움을 주었다고 합니다. 황제 마르쿠스 아우렐리우스가 황제의 업무를 수행하는 데도 마찬가지입니다. "그렇다면 이 삶 속에서 네 길라잡이가 될 수 있는 것은 무엇인가? 오직 한 가지, 철학뿐이다"라고 마르쿠스 아우렐리우스는 스스로에게 말합니다.(『명상록』 II, 17, 3) 스토아주의의 가장 매력적인 점은 그것이 연구자의 삶에 헌신하는 학자들을 위한 철학인 동시에, 관조적인 삶을 살아갈 여유가 없는 실천하는 인간의 철학이기도 하다는 것입니다. 아마도 이는 인간이 자신의 현재성을 잃지 않도록 해주는 것이겠지요. 바로 그런 이유로 에픽테토스의 『엥케이리디온』이나 아우렐리우스의 『명상록』은 스토아학파가 생겨난 지 2000년이 지난 지금까지도 여전히 우리에게 전달하는 바가 있는 듯합니다.

　나는 이 작은 책이 한국의 독자들에게 스토아철학의 의미를 발견하게 하고 또 그 철학에 대한 깊이 있는 독서의 영감을 제공해주기를 기대합니다.

파리에서

장바티스트 구리나

차례

한국어판 서문 • 005

서 론 • 013

제1장 **헬레니즘 시대의 스토아주의**

I. 학파의 역사와 진화 • 021
제논과 학파의 창립 | 스토아학파: 클레안테스에서 파나이티오스까지

II. 스토아 체계의 고전적 형식: 크뤼십포스 • 033
수련과 체계로서의 철학 | 논리학 | 윤리학 | 자연학

제2장 **로마 시대의 스토아주의**(서기전 1세기~서기 3세기)

I. 서기전 1세기와 스토아주의의 탈중심화 • 133

II. 계승과 혁신: 파나이티오스에서 세네카까지 • 143

III. 스토아주의의 쇄신: 에픽테토스와 마르쿠스 아우렐리우스 • 157

L e   s t o ï c i s m e

제3장 스토아주의의 후손들, 그리고 현재성

  I. 스토아주의의 유산 • 173

  II. 유스투스 립시우스와 학자들의 스토아주의 • 179

  III. 르네상스부터 18세기까지의 "신스토아주의" • 183

  IV. 스토아주의가 남긴 것 • 189

스토아학파 연표 • 196

부록 1 │ 단순하지 않은 명제의 추론 분석 • 200

부록 2 │ 스토아철학의 주요 개념들 • 203

옮긴이의 말 • 219

참고문헌 • 223

인명 찾아보기 • 231

일러두기

이 책에 자주 인용되는 문헌들은 다음과 같이 축약하여 표기한다.

『**생애**』 : 디오게네스 라에르티오스Diogenes Laertios, 『저명한 철학자들의 생애와 학설*Vitae et sententiae qui in philosophia probati fuerunt*』.

『**개요**』 : 섹스투스 엠피리쿠스Sextus Empiricus, 『퓌론주의 회의론 개요*Pyrrhoniae hypotyposes*』.

『**반박**』 : 섹스투스 엠피리쿠스, 『학자들에 대한 반박*Adversus mathematicos*』.

SVF : Hans von Arnim(ed.), *Stoicorum Veterum Fragmenta*, 4 vols.(1903~1905), Berlin, De Gruyter, 2005(vol.1: Zeno et Zenonis discipuli; vol.2: Chrysippi fragmenta logica et physica; vol.3: Chrysippi fragmenta moralia; vol.4: Indices).

LS : A. A. Long & D. N. Sedley, *The Hellenistic Philosophers*, 2 vols.(1987), Cambridge, CUP, 2011(vol.1: Translations of the principal sources, with philosophical commentary; vol.2: Greek and Latin texts with notes and bibliography).

서론

"스토아주의stoïcisme"라는 말은 보통명사인 동시에 하나의 철학 학파를 지칭하는 고유명사이기도 하다.[1] 대부분의 사전들은 그 철학 학파를 준거로 삼아 이 보통명사를 정의하고 있다. 예컨 대 『리트레 사전』에 따르면, 스토아주의란 "고통 속에서 스토아 주의자들이 보여줬던 것과 같은 그런 의연함"을 뜻한다. 그러한 스토아주의의 사례는 고대 스토아주의자들 사이에서 쉽게 찾 아볼 수 있다. 이를테면 고문을 감내했던 에픽테토스라든가,[2]

---

[1] 프랑스어로 "stoïcisme"은 고대의 철학 학파인 "스토아주의"를 지칭하는 고유명사인 동시 에, 특정 철학 학파와는 무관하게 "금욕주의"를 뜻하는 보통명사로 쓰이기도 한다.—옮 긴이

[2] 이 책 139~140쪽을 보라.

사형선고를 받고서, 눈물 흘리는 친구들을 위로해준 뒤 정맥을 끊었던 세네카가 그렇다.[3]

그렇듯 고통과 죽음 앞에서의 초연함을 다룬 일화들은 스토아주의에 대한 대중적인 이미지를 형성하는 데 기여했을 뿐만 아니라, 아예 그것을 보통명사로 만드는 데 이바지했다. 스토아주의의 대중적인 이미지, 그것은 그 자체로 현자의 이미지였다. 즉 "스토아식으로stoïque" 머물 줄 아는, 다시 말해 고통과 죽음 앞에서 초연하고 의연하며, 자기 자신의 처지에 연연하지 않고, 어떤 환경에서든 차가운 머리와 고요한 정신을 유지하며, 쾌락과 부와 명예에 무관심하고, 무감동에 가까운 의연함을 보일 뿐만 아니라, 마침내는 무엇보다도 운명을 감내하는 자의 모습이기도 했다. 스토아적인 지혜와 관련된 이러한 이미지들 가운데 몇몇은 물론 참이다. 그러나 그 지혜에 정확하게 부합하지 않고, 과장되거나 희화화된 이미지들 역시 적지 않다. 예컨대 스토아 철학자는 숙명론자가 아니었다. 그들은 "안일한 논변"을 숙명론자의 논변이라 하여 거부했다.[4] 또 그들은 "마치 조각상처럼 무감각하게 있기"를

---

3 타키투스, 『연대기』 XV, 63~64.
4 이 책 126~127쪽을 보라.

원치도 않았다.[5]

스토아학파는 서기전 3세기 초에 키티온 출신의 제논이 아테네에 설립했다. 제논은 아고라의 주랑柱廊 아래에서 강의를 열곤 했는데, 기둥들이 다채롭게 채색되어 있었기 때문에 사람들은 그곳을 "스토아 포이킬레Stoa poikilê"(채색 주랑)라고 불렀다. 그의 초창기 제자들은 한때 "제논주의자들"이라 불리기도 했지만, 오래지 않아 사람들은 그들이 모였던 장소의 이름으로 그들을 부르는 데 익숙해졌고, 그런 이유로 이 학파는 주랑을 뜻하는 "스토아Stoa"라고 불리게 되었으며, 그 추종자들은 "주랑에 모인 사람들"을 뜻하는 "호이 스토이코이boi stoikoi"라 불리게 되었다. 프랑스어에서도 처음에는 단순히 "스토아 사람들stoïques"이라고 말하다가, 17세기에 이르러 "만사에 무관심한 사람들"로부터 "스토아철학의 추종자들"을 구별하기 위하여 "스토아주의자stoïciens"라는 말을 쓰게 되었다. 이 학파는 학원의 형태로 서기전 1세기까지 지속됐고, 그다음에는 로마제국으로 확산되었으며, 서기 3세기 중엽에 사라졌다.

가장 큰 부분을 놓고 보자면 스토아주의는 사라진 철학이다. 학파의 설립자들이 쓴 문헌들은 고대가 끝나기도 전에 사라졌고,

---

5 에픽테토스, 『담화록』 III, 2, 4(본문 169~170쪽을 보라).

우리에게까지 전해져 내려오는 것들은 고대 스토아주의의 역사에서 마지막 세기에 속하는 작품들뿐이다. 보존된 작품들 가운데 가장 오래된 것이라고 해봐야 서기 1세기의 것이며, 관련 저자들도 다 합쳐봐야 겨우 다섯 명으로, 세네카, 코르누투스, 에픽테토스, 마르쿠스 아우렐리우스, 클레오메데스다. 여기에 더하여 아레이오스 디뒤모스와 무소니우스 루푸스의 작품들이 부분적으로 보존되어 있는 정도다. 이전의 저자들에 대해서 우리는 그저 후대의 작가들이 남긴 증언들만을 이용할 수 있을 뿐이다. 우선 몇몇은 소위 "학설사가들"이라고 불리는 사람들로서, 그들은 학파별·주제별로 분류된 학설들을 수집하여 기록하고 엮었다. 그렇게 『철학자들의 의견들』을 쓴 위僞 플루타르코스(아에티우스라 불리기도 한다)와 스토바이오스가 있다. 다른 이들로는 철학사가들이 있는데, 예컨대 디오게네스 라에르티오스[6] 같은 이는 다양한 철학 학파의 역사에 관해 이야기하면서 그 사상들을 요약해주고 있다. 마지막으로 스토아학파나 다른 철학 학파에 속하는 철학자들(예컨대 키케로, 필로데모스, 알렉산드로스 아프로디시아,

---

[6] 디오게네스 라에르티오스에 관해서는 서기 3세기 무렵의 학설사가라는 것 외에는 알려진 바가 거의 없다. 그는 『저명한 철학자들의 생애와 학설』이라는 책을 남겼는데, 이 작품은 오늘날 서양 고대 철학사 연구에 있어 가장 중요한 정보의 원천으로 인정받고 있다.—옮긴이

섹스투스 엠피리쿠스, 플로티누스)과 기독교 호교론자들(오리게네스, 에우세비오스)을 들 수 있다. 앞의 두 부류에 속하는 저자들이 어느 정도까지는 객관성을 드러내줄 수 있다고 한다면, 나머지 부류는 대개가 논쟁적이었을 뿐만 아니라, 논쟁을 위해 자기들이 공격하거나 논박하려는 저자들의 사상을 왜곡시켰을 가능성마저 있다고 볼 수 있다.

적극적인 철학 사조로서 스토아학파가 사라지면서, 오히려 스토아주의는 역사의 우연을 넘어 보편적인 문화의 한 부분이 되었다. 그뿐만 아니라 그것은 여러 차례 다시 출현하기도 했는데, 특히 르네상스 시대에 그랬다. 그 이후로 스토아학파의 재출현은 문헌 독해와 함께 학파 설립자들의 학설을 재구성하려는 시도와 뗄 수 없는 것이 되었다. 따라서 스토아주의 가운데 교의教義적이지 않은 개념들은 전문가들이 역사적 스토아주의를 재발견하는 과정에서 생겨난 것이라 하겠다.

그러므로 개념적으로 그렇듯, 역사적으로도 스토아주의는 하나가 아니라 여럿이라고 볼 수 있다. 우선 통상적인 의미에서의 스토아주의, 즉 인내와 끈기, 무감동의 형식으로서 혹은 실존적인 태도로서의 스토아주의가 있다. 그런가 하면 학원의 역사와 함께했던, 고대의 철학 학파로서의 스토아주의가 있다. 그리고 고대로부터 오늘에 이르기까지 그 교의들에 대한 철학적 아바타들

또한 존재한다. 그러나 다양한 스토아주의가 있다고 해서 그것이
스토아주의들 사이에는 어떠한 공통된 본질도 없음을 의미하지
는 않는다.

"스토아주의"라는 말은 이 용어에 깃든 대중적인 의미에서 볼
때, 그 자체로 어떤 적법성 같은 것을 지니고 있다. 왜냐하면 이
미 고대부터 스토아주의는 순수하게 이론적인 체계가 아니었기
때문이다. 그것은 에픽테토스가 말했던 것과 같다. "만일 누군가
가 내게 '크뤼십포스를 어떻게 읽어야 할지 설명해달라'고 한다면,
나는 그의 가르침에 일치하고 부합하는 행동을 보여줄 수 없을
때 얼굴을 붉히게 된다."(『엥케이리디온』 49)

요컨대 여러 가지 면에서 볼 때, 실존적 태도로서의 스토아
주의는 고대로부터 내려온 철학적 학설로서의 스토아주의의 한
부분에 속하는 셈이다. 또한 실존적 태도로서의 스토아주의에
깃든 심오한 본성을 이해하기 위해서는 고대의 철학적 운동으
로서의 스토아주의에 대한 이해가 필수적이라 하겠다.

Le stoïcisme

제1장

헬레니즘 시대의

스 토 아 주 의

I.

학파의
역사와 진화

제논과 학파의 창립

—

제논(서기전 334/333~서기전 262/261)은 서기전 334년, 키프로스 섬의 키티온(오늘날의 라르나카)에서 태어났다. 그는 사람들이 "헬레니즘"이라고 부르는 시기, 그러니까 알렉산드로스 대왕이 죽은 서기전 323년에서 악티움 해전이 있었던 서기전 31년에 이르는 시기의 전반부를 살았던 셈이다. 아테네 스토아학파의 역사도 이 시기와 비교적 밀접하게 맞닿아 있는데, 그 이유는 이학파 역시 술라의 로마 군대가 아테네를 점령했던 86년 어간에 끝이 났기 때문이다.

제논은 므나세아스라는 부유한 상인의 아들이었다. 전해지는 이야기에 따르면(『생애』 VII, 2~3), 그는 서기전 312년경에 화물을

운송하다가 피레우스 항[1] 근처에서 난파를 당한 적이 있다고 한
다. 제논은 아테네에 도착했고 우연히도 서점에 들어가게 되었는
데, 그때 서점 주인은 크세노폰이 쓴 『소크라테스의 회상』을 읽고
있었다. 제논은 철학자들을 만나고 싶어했고, 서점 주인은 마침
그곳을 지나던 견유학파의 철학자 크라테스를 가리켰다. 그리하
여 제논은 크라테스의 제자가 되었다. 확실히 이 일화는 참이라
고 말하기에는 너무나도 극적인 면이 있다. 하지만 이 일화는 제
논이 받은 견유학파의 교육을 소크라테스적 전통과 이어줄 수 있
는 여지를 제공한다. 어쨌든 전통에 따르면, 그에게는 네 명 또는
다섯 명의 스승이 있었다. 크라테스 외에도 아카데메이아[2]의 크
세노크라테스와 폴레몬이 있었고, 메가라학파에서는 스틸폰과
변증가 디오도로스가 있었다.[3] 제논이 크세노크라테스의 제자였
다는 주장은 개연성이 떨어진다. 왜냐하면 크세노크라테스는 314
년경에 사망했기 때문이다. 그러나 그가 나머지 네 명의 제자였
다는 것은 분명하다. 실제로 우리는 그가 견유학파와 아카데메이
아, 그리고 메가라학파의 변증술로부터 삼중의 영향을 받았으며,

---

1 아테네의 외항外港. 플라톤의 『국가』 I권 도입부의 배경이기도 하다.—옮긴이
2 아카데메이아는 플라톤이 세운 학원이다.
3 『생애』 I. 15, 105; II. 114, 120; VII. 2~4, 16, 25.

이들 모두가 이런저런 방식으로 소크라테스의 유산에 속하는 것임을 알 수 있다.

이 삼중의 영향에 더하여 우리는 헤라클레이토스의 영향에 대해서도 언급할 필요가 있다. 왜냐하면 제논은 그에게서 무엇보다도 대표적인 원소로서의 불의 중요성을 끌어왔기 때문이다. 또한 피타고라스주의자들의 영향도 있는데, 제논은 작품 한 편을 그들에게 헌정하고 있다.(제논은 그들에게서 영원회귀와 관련된 우주론적 교의를 끌어온 것으로 보인다.) 마지막으로 아리스토텔레스의 영향을 들 수 있는데, 제논은 윤리학과 자연학 분야에서 그의 영향을 받았다.[4] 아울러 그의 스승들 및 선행자들에게 받은 영향들 외에도, 우리는 제논이 동시대인들과의 대결과 논쟁에 참여했다는 것을 분명히 알고 있다. 이를테면 그들은 아카데메이아의 아르케실라오스와 변증가 필론처럼 동학同學들이기도 했지만, 대결과 논쟁이 테오프라스토스와 에피쿠로스, 메가라의 알렉시노스 등을 상대로 이루어졌을 가능성도 적지 않다.[5]

그의 가장 유명한 작품 가운데 하나인 『국가』는 청년기 저작으로, "개의 꼬리 위에서 저술된 것"으로 유명한데(『생애』 VII, 4), 이

---

4 이는 대개 부정적인 영향과 관련된 것이다. 왜냐하면 제논과 그의 계승자들은 아리스토텔레스주의자들의 주장에 반대했기 때문이다.

는 그가 아직 크라테스의 영향 아래 있을 때 썼기 때문이다.[6] 물론 『국가』에 들어 있는 초기 작품의 특징이 후대의 작가들에 의해 나중에 꾸며진 것이라고 볼 수도 있다. 그들은 사실 기술의 측면이든 주장의 측면이든 (성적 자유, 종교 비판, 식인 풍습 등) 그 책이 담고 있는 황당한 측면들로부터 제논의 명예를 회복시켜주고자 했기 때문이다.[7] 하지만 그럼에도 『국가』에 견유학파가 영향을 끼친 것은 어쨌든 사실이다. 마찬가지로 제논은 견유학파와 메가라학파의 계보에 속함으로써, 영혼은 물체이고 플라톤의 "이데아들"은 그저 사유의 대상일 뿐이라고 주장했고, 그로부터 플라톤주의가 표방해온 비물체적인 실재들의 존재를 부정했던 것이다.[8]

제논에게서 비롯된 것과 그의 후계자들에게서 비롯된 것을 구

---

5 아르케실라오스에 관해서는 무엇보다 에우세비오스, 『복음준비서』 XIV, 6, 7~14를 보라. 필론에 관해서는 『생애』 VII, 16을 보라. 알렉시노스에 대해서는 『생애』 II, 109~110; 『반박』 IX, 108을 보라. 테오프라스토스에 관해서는 필론, 『세계의 영원성에 관하여』, 23~24를 보라(하지만 이 증언은 확실치 않다).

6 견유학파의 원어인 퀴니코스*kynikos*는 "개犬"를 뜻한다. 실제로 디오게네스는 자신을 개에 비유하기도 했다.

7 극단적인 성적 자유나 전통 종교에 대한 가차 없는 비판, 심지어 식인 행위의 옹호 등은 반체제적인 성향을 띠고 있었던 견유주의자들의 주장이었다. 제논의 후예들은 스승의 『국가』가 젊은 시절 견유주의자들의 영향 아래 집필된 것임을 강조함으로써, 황당한 내용의 저자라는 비난에 대한 부담을 덜어주려 했던 것으로 보인다.—옮긴이

8 키케로, 『아카데미카 후서』 I, 39~42; 『생애』 VII, 157; 스토바이오스, 『선집』 I, 12, pp. 136, 21~137, 6(LS 30 A).

별하기가 쉽지 않을 때가 종종 있다. 그러나 대부분의 근본적인
학설들이 그에게서 기인하는 것은 사실이다.

그는 철학을 자연학, 윤리학, 논리학의 세 부분으로 나누었
다. 그가 이 분류를 아카데메이아에서 빌려온 것은 분명해 보인
다.9 키케로는 『아카데미카 후서』(I, 35~42)에서 제논이 이룩한 주
요 철학적 혁신을 이렇게 요약한다. 우선 윤리학의 경우 다음과
같다. 제논은 유일한 선은 덕이요, 유일한 악은 악덕이라고 했다.
그러나 무관한 것들 중에서도 이를테면 건강처럼 선호할 만한 것
이 있다고 주장했다. 그는 덕의 획득을 순수하게 이성적인 문제
로 바꾸었다. "의무"라는 개념을 창안했고, 그 한 중심에서 완전
한 의무의 범주를 구별했다. 또한 그는 모든 정념을 거부했고, 그
것들을 잘못된 판단으로 간주했다. 한편 자연학에서 이룩한 혁신
은 다음과 같다. 그는 불을 원초적인 원소로 보았고, 비물체적인
실재들에 대해서는 일체의 인과적인 효능을 부정했다. 마지막으
로 논리학에서의 혁신은 다음과 같다. 그는 표상表象을 외부 대상
들에서 유래하는 인상으로 정의했고, 그 가운데서도 "파악 가능
한" 표상을 기준으로 삼았다.

---

9 『생애』 VII, 39; 키케로, 『최고선악론』 IV, 4.

확실히 이렇게 급한 요약으로는 제논이 지닌 독창성을 부분적으로만 설명할 수 있을 뿐이다. 하지만 이후 스토아주의의 전체 역사에서 보면, 비록 제논의 계승자들이 종종 앞의 것들을 해석하는 방식에 대해서는 동의하지 않았음에도 불구하고, 그는 근본적인 권위자로서 남게 될 것이다.

스토아학파:
클레안테스에서 파나이티오스까지

—

학파는 제논이 죽은 이후 학교의 형태로 지속됐다. 제논에게는 여섯 명의 계승자가 있었다. 그들은 클레안테스(서기전 331~서기전 230), 크뤼십포스(서기전 280~서기전 204), 타르소스의 제논, 셀레우키아의 디오게네스(서기전 230~서기전 150/140), 타르소스의 안티파트로스(서기전 210~서기전 129), 그리고 로도스의 파나이티오스(서기전 185~서기전 110)였다. 우리는 파나이티오스 이후 아테네에 있었던 학파의 행적을 알지 못한다. 반면 같은 시기에 포세이도니오스는 로도스에 스토아 학원을 세웠다고 한다.[10]

소아시아의 앗소스에서 태어난 클레안테스는 전직 권투선수였다. 그는 느지막이 아테네에 정착했던 듯하며, 제논의 뒤를 잇기 전까지 약 19년간 그의 제자로 있었다(『생애』VII, 176). 제논에게는 많은 제자가 있었는데, 그들 가운데 클레안테스를 제외하고 가장 유명했던 제자로는 의심할 바 없이 아리스톤을 들 수 있다. 하지만 제논이 가장 편애했던 제자는 키티온 출신의 페르사이오스였다. 제논이 죽던 당시 페르사이오스는 마케도니아의 궁정에 있었고, 다른 대다수 제자들은 다소 분열된 입장을 취하고 있었다. 그런 이유로 제논은 명민함에 있어서는 조금 늦되지만 정통성에 있어서는 완강한 수호자로 알려졌던 클레안테스를 선택했다고 한다(『생애』VII, 37). 그는 100살이 넘어 죽을 때까지 그 뒤로 32년 동안이나 스토아학파의 수장 노릇을 했다.

클레안테스의 중요성은 무엇보다도 그가 제논의 자연학을 발전시켰다는 데서 찾아볼 수 있는데, 그는 이 주제에 관한 책을 한 권 썼다(『생애』VII, 176). 그는 제논의 자연학에 나타난 헤라클레이토스적 측면들을 강조했으며, 특히나 영혼을 "증기"라고 보았던 제논의 영혼론을 강조했다.[11] 그는 또 처음으로 긴장緊張, *tonos*에 관한 이론을 발전시킨 것으로 보인다. 이 이론에 따르면 우주

---

10 이 책 제2장, 133~135쪽을 보라.

11 에우세비오스, 『복음준비서』XV, 20, 2(*SVF* I, 128).

의 실체는 불에 의해 산출되는 끊임없는 긴장을 겪는다.**12** 심지어 그는 덕德을 불이 일으킨 충격에서 비롯되는 일종의 "힘"이라고 간주함으로써, 이 이론을 윤리학에도 적용시켰다.**13** 그와 동시대인이면서 크니도스 출신인 에우독소스의 천체관에 영향을 받아 『현상들』**14**이라는 우주론에 관한 시를 썼던 아라토스와 마찬가지로, 클레안테스 역시 그의 『아리스타르코스에 반대하여』에서 소요逍遙학파의 아리스타르코스가 태양 중심설을 주장한 것과 반대로 지구 중심 체계를 옹호했다. 아라토스처럼 클레안테스 역시 그의 작품 가운데 일부를 시로 썼으며, 특히 『제우스 찬가』는 우리에게까지 전해지고 있다. 또한 클레안테스는 논리학에서도 일정한 역할을 수행한 것처럼 보인다. 왜냐하면 그는 "말해질 수 있는 것"을 뜻하는 "렉톤*lekton*"**15**이라는 용어를 만들어냈는가 하면, 표상의 정의를 재해석하기도 했기 때문이다.

　반면에 가장 급진적인 이설異說은 키오스 출신의 아리스톤**16**에게서 나오는데, 그는 철학을 논리학, 자연학, 윤리학으로 구분하

---

12 스토바이오스, 『선집』 I, 17, 3, p. 153(*SVF* I, 497).

13 플루타르코스, 『스토아주의자들에 반대하여』 7, 1034D-E.

14 『현상들』은 일종의 장편 교훈시로서 천체 현상들 및 대기 현상들을 신적인 기호로 해석하면서 기술하고 있다.

15 알렉산드리아의 클레멘스, 『선집』 VII, 9, 26(*SVF* I, 488).

기를 거부했다. 그는 논리학을 쓸모없는 거미집에 비유하는가 하면, 소크라테스가 그랬듯, 자연학은 우리를 넘어서는 것이라고 주장함으로써 오직 윤리학만을 보존하려 했다. 심지어는 윤리학 안에서도 몇몇 이단적인 입장을 지지했다. 예컨대 무관한 것들 사이에서는 선호할 만한 것이 없다거나, 오직 하나이고 단일한 덕만이 존재한다는 주장이 그러하다.[17] 그가 살았을 당시, 그의 강의는 클레안테스의 강의보다 더 큰 성공을 거두었던 것으로 보인다(『생애』 VII, 182).

제논 이후 스토아주의의 역사에서 가장 중요한 역할을 수행한 사람은 클레안테스의 계승자였던 크뤼십포스였다. 그는 논리학자로서의 보기 드문 재능에 힘입어 스토아철학의 체계를 재구축하고 발전시켰다. 그래서 사람들은 "크뤼십포스가 없었더라면 주랑(스토아)도 없었을 것이다"라고 말하곤 했다(『생애』 VII, 183). 크뤼십포스는 아나톨리아 지방의 그리스 식민 도시인 솔로이에서 태어났다. 그는 아마도 아카데메이아 사람이었던 아르케실라오스

---

16 아리스톤에 관해서는 『생애』 VII, 160~164를 보라. 아울러 A. M. Ioppolo, 『키오스의 아리스톤과 고대 스토아주의Ariston di Chio e lo Stoicismo antico』, Napoli, 1980을 참고하라.

17 『생애』 VII, 161; cf. 플루타르코스, 『도덕론』 2, 440E~441A(LS 61 B). 뒤의 논제는 아리스토텔레스에서 비롯된 것이다. cf. 『자연학』 VII, 246b3~4, 그리고 『니코마코스 윤리학』 I, 12, 1101b12.

의 제자였을 것이고, 또 제논 자신의 직계 제자이기도 했을 것이다. 그러나 유일하게 확실한 것은 그가 클레안테스의 제자였다는 사실이다. 하지만 이 증언들은 종종 서로 일치하지 않는다(『생애』 VII, 180). 사람들은 그가 날마다 500행씩 썼으며, 이로부터 700권이 넘는 주목할 만한 저술을 남겼고, 그 가운데 거의 절반 가까이가 논리학에 할애된 것이었다고 한다. 그의 작품은 고전적인 형식의 스토아주의를 대변한다고 할 수 있다.

크뤼십포스에게는 네 명의 계승자가 있었는데, 그중 가장 중요한 인물을 꼽자면 분명 파나이티오스를 들 수 있다. 반면 크뤼십포스의 직접적인 후계자였던 타르소스 출신의 제논에 관해서는 우리가 그에 관해 거의 아무것도 모른다는 점에서 무시해도 될 듯하다. 그러나 제논의 후계자였던 셀레우키아의 디오게네스와 타르소스의 안티파트로스는 중요하다. 디오게네스는 서기전 155년에 아테네에 의해 로마 대사로 파견된 것을 계기로 로마에 스토아주의를 도입했다. 대사직은 3대 주요 철학 학교의 장들로 구성되었는데, 아카데메이아의 카르네아데스와 뤼케이온의 크리톨라오스, 디오게네스 자신이었다. 사람들은 그가 중요한 논리학적 저술을 지었다고 하며, 그의 『음성에 관한 교본』을 언급하곤 한다(『생애』 VII, 55). 키케로에 따르면(『아카데미카 전서』 II, 98), 아카데메이아의 카르네아데스에게 변증술을 가르친 사람 역시 디오게

네스였다고 한다. 자연학 분야에서도 마찬가지로 그의 역할은 중
요하다. 그의 스승인 타르소스 출신의 제논이 그랬던 것처럼, 그
역시 환생에 대해 의심을 품었다. 후계자였던 안티파트로스와 파
나이티오스 외에도, 디오게네스에게는 제법 이름이 알려진 세 명
의 제자가 더 있었다. 그들은 "덕에 이르는 첩경"이라 여겨졌던 견
유학파를 추종한 셀레우키아의 아폴로도로스(『생애』 VII, 121), 그
리고 타르소스 출신의 아르케데모스와 시돈 출신의 보에토스였
다. 타르소스 출신의 안티파트로스는 논리학 분야의 혁신(예컨대
정의, 단 하나의 전제로 이루어진 추론의 고안, 단순화된 분석 방법)을
이룬 사람으로도 알려져 있다. 키케로는 이익과 좋음 사이에서
제기되는 의무의 갈등에 관하여 디오게네스와 안티파트로스 간
의 중요한 차이들을 우리에게 전해주고 있다(『의무론』 III, 50~57
및 91~92). 디오게네스와 안티파트로스, 아르케데모스는 마찬가
지로 목적에 관한 새로운 정의를 제시하기도 했다.[18]

---

18 『생애』 VII, 88; 스토바이오스, 『선집』 II, 7, p. 76 그리고 pp. 9~15를 보라.

II.

스토아 체계의
고전적 형식:
크뤼십포스

수 련 과　체 계 로 서 의　철 학

—

스토아주의자들은 전통적으로 "철학"이라는 용어를 고안했던 피타고라스를 따라서 철학과 지혜를 구별했다. 어원적으로 "철학 *philosophia*"은 "지혜*sophia*에 대한 사랑*philia*"을 의미한다. 스토아주의자들에 따르면, "지혜는 인간적이고 신적인 것들에 대한 과학"이다. 반면 철학은 "그에 적절한 기술을 훈련하는 것,"[19] 즉 "덕의 훈련" 또는 "바른 이성의 탐구"로 이루어져 있다.[20] 이 두 정의는 동등한 가치를 갖는다. 왜냐하면 이성은 영혼 안에 새겨진 개념

---

19 위僞 플루타르코스[= 아에티우스], 『철학자들의 의견들』 I, Praet. 2(LS 26 A).
20 세네카, 『루키리우스에게 보내는 편지』, 89. 4~5.

들의 조합으로 구성되는데,[21] 이 조합이 완벽해짐으로써 덕이 구성되기 때문이다. 또한 과학은 흔들림 없는 지식들의 총체다.

그러므로 철학은 과학 또는 바른 이성에 도달하게 해주는 훈련인 셈이다. 세네카는 그리스어 용어인 "아스케시스*askêsis*"[22]와 "에피테데우시스*epitêdeusis*"[23]를 라틴어의 "스투디움*studium*"이란 말로 번역했다. 이것들은 모두 같은 것, 이론적인 연구가 아니라 무엇인가를 하기 위한 훈련의 적용을 지칭한다.[24] 사실 크뤼십포스를 비롯한 스토아주의자들은 다음의 세 가지, 즉 철학적 담론, "수련"으로서의 철학, 수련의 결과로서의 지혜(덕, 과학)를 구별했다. 철학은 철학적 담론과는 분리될 수 없는 수련 또는 실천이다. 세네카의 진술에 따르면(『편지』, 89, 8), 스토아주의자들은 이 "스투디움"이 그저 지혜와 덕에 선행하는 것일 뿐인지, 아니면 그것이 획득된 지혜와 덕을 동시에 이어주는지를 아는 문제에 대하여 자기들끼리 토론을 벌였다. 크뤼십포스는 이 가운데 두 번째 안

---

21 갈레누스, 『히포크라테스와 플라톤의 학설에 관하여』 V, 3, 1(LS 53 V).

22 "훈련" "연습" 등을 뜻한다.―옮긴이

23 "몰두" "추구" "탐구" 등을 뜻한다.―옮긴이

24 피에르 아도는 "*askêsis*"를 "정신 수련exercice spirituel"으로 번역한 바 있다. cf. 『정신 수련과 고대철학*Exercice spirituel et philosophie antique*』, Paris, 1981; 『고대철학이란 무엇인가?*Qu'est-ce que la philosophie antique?*』, Paris, 1995.

을 선택한 것처럼 보인다. 그렇게 해서 처음에 나눴던 철학과 지혜 간의 구별은 일정한 변형을 겪게 된다. 즉 철학은 더 이상 그저 지혜의 획득을 준비하는 것에 그치지 않고, 일단 덕이 획득된 이상, 지혜의 수련 그 자체가 되는 것이다.

바로 이런 관점에서 스토아주의자들은 덕을 셋으로 나눴을 뿐 아니라, 철학적 담론 또는 철학 그 자체도 셋으로 나눴다. "덕 가운데 가장 일반적인 것은 세 가지로, 자연적인 덕, 윤리적인 덕, 논리적인 덕이다. 그리고 바로 그런 이유로 철학 또한 세 부분, 즉 자연학, 윤리학, 논리학을 갖는다. 자연학은 우리 탐구가 세계 및 그것이 포함한 것들을 다룰 때 성립하며, 윤리학은 우리가 인간의 삶에 전념할 때 성립하고, 논리학은 이성에 관여하는바, 우리는 그것을 변증술이라 부르기도 한다."[25] 이 요약에서는 철학이 실천보다는 오히려 좀더 이론적 탐구처럼 보이기도 한다. 그러나 디오게네스 라에르티오스(『생애』 VII, 39~41)에 따르면, 크뤼십포스가 보기에 이 구분은 철학적 담론의 구분이지 철학 그 자체의 구분이 아니었다.

실제로 철학의 교육과 수련은 부분들을 구별하고, 다시 그것

---

25 위 플루타르코스, 『의견들』, 「서문」(=LS 26 A); cf. 세네카, 『편지』, 89, 4; 89, [14~17]; 키케로, 「최고선악론」 III, 72~73.

들을 모두 섞는 과정을 통해 진행되었는데, 다음의 비유들은 이를 잘 드러내준다. 예컨대 철학이 계란에 비유될 경우, 그 껍질은 논리학이요, 흰자는 윤리학이며, 노른자는 자연학이 된다. 혹은 숲에 비유되기도 하는데, 그때 나무들은 자연학이요, 과실은 도덕이며, 이것들을 보호하는 울타리는 논리학이 된다. 그도 아니면 동물에 비유되기도 하는데, 그 뼈와 힘줄은 논리학이고, 살과 피는 자연학, 영혼은 윤리학이라는 식이다.[26]

바로 이런 의미에서 우리는 "체계"에 관해 이야기할 수 있다. 즉 스토아주의자들은 이것을 "살아가는 데 유용한 몇 가지 목적을 위하여 수행된 파악들의 총체적인 체계"로서 기술에 접목시킨 것이다.[27] 그런데 덕은 삶의 기술이다.[28] 그렇기에 덕은 "총체적으로 훈련된" 지식들의 총합이며, 기술과 덕이 (정리들에 대한) 앎들 전체로 구성된 이상, 그것들은 인지적인 차원을 갖게 된다. 하지만 동시에 훈련의 차원은 물론 체계로서의 성격 역시 갖게 되는 것이다.

---

26 『생애』 VII. 40. 섹스투스에 따르면(『반박』 VII. 19). 이 마지막 이미지는 포세이도니오스의 것이라고 한다(F 88).

27 올림피오도로스, 『플라톤의 「고르기아스」에 관하여』. 12. 1(=LS 42 A). 위에서 언급된 "이해comprehénsion"에 관해서는 본문 42~44쪽을 보라.

28 본문 81~82쪽을 보라.

논 리 학

—

가) 변증술과 수사학 모든 스토아주의자는 논리학을 두 부분 혹은 네 부분으로 나눴다(『생애』 VII, 41). 모든 스토아주의자가 인정했던 두 주요 부분은 바로 수사학과 변증술이었고, 거기에다 몇몇 스토아주의자는 기준에 속하는 부류와 정의에 속하는 부류를 덧붙였다. 실질적으로는 모든 스토아주의자가 이 부가적인 두 부분의 존재를 인정했지만, 이것들은 종종 변증술에 통합되곤 했고, 그 경우에는 독립적인 부분을 구성하지 않았다.

근본적인 대립은 연속적으로 펼쳐지는 수사학적 담론과 문답의 형식으로 전개되는 변증술 간의 구별에 있었다(『생애』 VII, 42). 제논은 이 전통적인 구별을 다음과 같은 비유로 설명했다. 수사학은 손을 펼친 것과 같고, 변증술은 주먹을 쥔 것과 같다는 것이다(『반박』 II, 7 = LS 63 E).

스토아주의 수사학은 어느 정도 전통적인 방식에 따라 세 가지 형태를 취한다. 그것들은 심의 연설(즉 정치 연설), 법정 연설, 시범 연설(즉 과시성 연설)이다. 그러나 스토아주의 수사학은 그것이 지닌 간결함과 절제, 신랄함을 통해서 또한 대부분의 고대 수사학이 지녔던 "풍부한" 문체를 거부함으로써 고대인들의 정신에 깊은 충격을 주었다. 이 특징은 이미 서기전 155년에 사절단을 통해서 로마인들에게 깊은 인상을 심어주었는데, 그때는 디오게네스의 "절제되어 있고 간결한" 문체가 주목받았다.[29] 아울러 키케로처럼 웅변의 풍부함을 추구했던 사람이라면, 스토아주의자들이 말하는 것보다는 오히려 침묵하는 것에 관해 더 효과적인 조언을 해준다며 그들을 비판했을 것이다(『최고선악론』 VI, 7).

나) 진리의 기준(인식론) 논리학 가운데 기준과 관련된 부분은 스토아주의의 인식론을 구성한다. 기준에 관한 이론은 논리학의 머리 부분에 위치한다. 왜냐하면, 디오게네스 라에르티오스에 따르면, 바로 그것 덕분에 우리가 진리를 발견하고 또 인식할 수 있기 때문이다(『생애』 VII, 41). 그가 보기에 기준은 그 부류에 있어서 일종의 "표상表象, représentation"에 속한다(『생애』 VII, 49). 그렇기 때문에 기준에 관한 설명은 그 자체로 표상에 관한 설명을 통해 시작되는 것이다.

"판단krinein을 가능케 하는 것"을 뜻하는 용어인 "기준"의 철학적 사용은 에피쿠로스에게서 빌려온 것이다. 에피쿠로스는 세 가지 기준을 열거했는데, 이는 감각작용, 선先개념prénotions,

---

29 아울루스 겔리우스, 『앗티카의 밤』 VI, 14, 10.

그리고 감응작용이었다. 그런데 그는 이것들이 모두 참이고 분명하다고 주장했다. 반면에 제논은 "모든 표상을 다 신뢰하지는 않았고," 단지 "파악될 수 있는" 표상들만을 "진리의 기준"을 구성하는 것으로서 신뢰했다. 크뤼십포스는 이 기준에 "선개념"을 추가했다.

제논에 따르면 표상*phantasia*은 영혼에 새겨진 인상이다(『생애』 VII, 49). 클레안테스는 이것을 글자 그대로 해석한 반면, 크뤼십포스는 이것이 비유일 뿐이라고 보았다(『반박』 VII, 230). 비유가 가리키는 것은 고대에 편지를 봉인하는 데 사용했던 인장이 밀랍에 찍혀 만들어낸 인상 같은 것이었다. 이 비유는 플라톤의 『테아이테토스』에서 차용한 것이다. 거기서 영혼은 사물의 인상이 찍혀 나오는 밀랍 덩어리에 비유된다. 크뤼십포스가 글자 그대로의 해석에 반대한 이유는 영혼의 실체가 밀랍처럼 굳은 것이 아니며, 영혼이 여러 가지를 동시에 표상해내거나 하나의 표상을 기억 속에 보전하는 것은 불가능하리라고 보았기 때문이다. 왜냐하면 새로운 표상은 언제나 앞의 것을 지우기 때문이다. 그는 아리스토텔레스처럼 이 용어의 어원을 거론하며, 이것이 "빛"을 뜻하는 "포스*phôs*"에서 유래한다고 주장한다. 이는 하나의 표상이 자기 자신뿐만 아니라 자기를 산출하는 대상까지 동시에 나타내준다고 말하고자 함이었다. 그러므로 표상은 외부 사물들이 영혼 안에 나타나는 것이다. 그것은 외부 사물이 그저 영혼에 재현再現, *re-présente*되는 것 이상으로 영혼에 부여되는 방식이라 하겠다.[30]

표상이 반드시 시각적이어야 하는 것은 아니다. 심지어 반드시 감각적인 기원을 가질 필요도 없다. 왜냐하면 몇몇 표상은 사유의 산물이지 우리 감각 기관이 산출해낸 것이 아니기 때문이다.[31] 또한 바로 그런 이유로 크뤼십포스는 표상들이 인상이 아니라 영혼의 "변형들"임을 강조했던 것이다. 즉 표상들은 외부 사물의 직접적인 인상에 기인하는 것이 아니라는 뜻이다. 왜냐하면, 예컨대 비물체적인 것의 경우, 어떤 것이 영혼에 물리적으로 인상을 새길 수는 없기 때문이다(『생애』 VII, 49). 그럼에도 어쨌든 모든 표상의 최초 기원은 외부 대상들에 의해 만들어진 인상이며, 플라톤에서와 같은 상기란 존재하지 않는다. 그래서 사람들은 영혼이 곧 인상들이 기록될, 하지만 아직 손을 타지는 않은, 한 장의 파피루스와 비교될 수 있다고 주장했다.[32] 영혼에 저장된 감각 인상들로부터 우리의 첫 번째 개념들이 형성되며, 다음으로 이 개념

---

[30] 그리스어 "phantasia"에 대한 만족스러운 번역어를 찾을 수 없는 관계로, 여기서는 관습적인 방식에 따라 "représentation"으로 번역했다. *한국어에서 "phantasia"는 대부분 "인상impression"으로 번역되지만, 학자에 따라서는 "표상"으로 옮기는 경우도 있다. 우리 번역에서는 저자를 좇아 "표상"으로 옮겼다.—옮긴이

[31] 주목해야 할 것은 인간의 모든 표상이 이성적이라는 점이다. 즉 모두 언어로 표현될 수 있는 것들이다(『생애』 VII, 51).

들에 대하여 조립이나 유비와 같은 조작을 통해 한결 더 복잡한 개념들이 형성되는 것이다(『생애』 VII, 52~53).

영혼이 그저 표상들의 축적, 종합, 변형 및 재생 능력만을 가지고 있는 것은 아니다. 영혼은 또한 표상과 흡사한 감응感應을 자발적으로 산출하는 능력도 있다. 그것들은 환각 또는 판타스마phantasma라고 불리는 것들인데, 이는 영혼이 빈 곳으로 운동한 결과로서,**33** 잠든 상태나 술 취한 상태 또는 광기에 빠진 상태에서 산출되는 것들이다.

환각은 광기의 다른 경우들과는 구별되어야 한다. 거기서 우리는 잘못된 표상을 갖게 된다. 사실 어떤 표상들은 참이고, 다른 어떤 표상들은 거짓이며, 또 어떤 표상들은 참도 거짓도 아닌가 하면, 또 다른 어떤 표상들은 참이기도 하고 거짓이기도 하다.**34** 참인 표상의 한 가지 예는 낮일 때 갖게 되는 낮이라는 표상이다. "거짓된 표상들"이란 시각이 빚어낸 착각들이다. 예컨대 물에 잠긴 노가 부러진 듯한 인상을 주는 것이라든가, 원근법 효과로 인해 주랑이 멀어질수록 점점 작아 보이는 것이 그렇다. 그런가

---

32 위 플루타르코스, 『의견들』 IV, 11(LS 39 E).
33 위 플루타르코스, 『의견들』 IV, 12(LS 39 B).
34 『반박』 VII, 242~246(LS 39 G).

하면 인간이라는 표상처럼 종적인 것들의 표상은 참도 아니고 거짓도 아니다. 예컨대 인간 일반이라는 표상은 그리스인도 아니고 외국인도 아니다. 마지막으로 광기 가운데 어떤 것들은 참이기도 하고 거짓이기도 하다. 환각에서와 마찬가지로 크뤼십포스는 에우리피데스의 『엘렉트라』에 등장하는 오레스테스의 광기를 예로 들고 있다. 환각에 빠진 오레스테스는 괴물들을 보지만, 실제로는 그 혼자뿐이다. 참이기도 하고 거짓이기도 한 표상의 경우, 그가 괴물의 형태로 상상한 것은 실상 누이인 엘렉트라였다. 이것은 왜 크뤼십포스가 거짓된 표상들을 감각에 대한 허상들로 축소하려 들었는지 이해할 수 있게 해준다. 거짓된 표상은 예컨대 원근법적 시각의 효과에서 비롯된 것으로서 정상적이다. 이와 달리 "참이기도 거짓이기도 한" 표상은 병적인 것이다.

　"파악적" 표상[35]은 일종의 참인 표상이다. 파악적 표상은 "존재하는 것에서 비롯되며, 존재하는 것에 부합하게 새겨지고 특징지

---

[35] 그리스어 "katalêpsis"의 번역어로 "compréhension"(이해, 파악)을 선택한 것은 키케로의 라틴어 번역에서 비롯되었는데, 그는 "cognitio"와 "perceptio"라는 두 개의 번역어를 사용했다(cf. 『아카데미카 전서』 II, 17; II, 145=LS 41 A). 번역어 "compréhension"은 "손이 갖고 있는 비유를 잘 설명해준다. 이에 따르면, katalêpsis는 대상을 붙잡아 오므린 주먹과 유사하다. 반면에 표상은 손바닥을 펼친 것과 같다. 번역어 "Perception"이란 말은 "완전하게(kata-그리스어/ per-라틴어) 붙잡다"라는 어원을 갖고 있다.

어진 표상이자, 존재하지 않는 것으로부터는 비롯될 수 없는 것
이다."[36] 이 정의는 네 가지 특징으로 분석될 수 있다. 1) 이 표상
은 존재하는 것으로부터 온다. 즉 환각(허상)이 아니다. 2) 이 표
상은 외부 대상에 부합한다. 즉 참이지 거짓이 아니다. 3) 이 표상
은 외부 대상에 부합하는 식으로 새겨지고 특징지어진다. 즉 이
것은 마치 밀랍에 찍힌 인장처럼 모든 특징을 정확하게 재생해낸
다. 4) 이 표상은 그 자체로 존재하지 않는 대상에서 비롯되는 것
이 아니다. 왜냐하면 이것이 나타날 때는 특정한 성질을 가져야
하는데, 이 성질은 우리가 이것을 거짓 인상과 혼동하지 않도록
해주기 때문이다. 특히 마지막 특징을 둘러싸고 크뤼십포스는 아
카데메이아 사람들과 단호한 투쟁을 벌여야 했다. 왜냐하면 아카
데메이아 사람들은 환상이나 거짓 표상 또한 언제든지 파악적 표
상으로 인정될 수 있다고 주장했기 때문이다.

　파악적 표상은 그것에 동의하는 파악*katalêpsis* 그 자체와는
구별되어야 한다. 표상이 수동적인 현상이라고 한다면, 동의
*sunkatathesis*는 능동적인 현상이며, 표상에 대하여 자신의 지지를
보내는 것으로 이루어진다. 이러한 표상을 참인 것으로서 받아들

---

36 『반박』 VII, 248(LS 40 E); 키케로, 『아카데미카 전서』 II, 77(LS 40 D).

이는 것이 바로 영혼의 운동이다. 만일 우리가 그 동의를 불확실하거나 거짓인 표상에 부여한다면 동의는 약해지는데, 그것이 바로 의견이다. 반면에 동의가 파악적 표상에 부여된다면, 그것이 바로 파악이다. 그와 같은 동의가 지식의 토대가 되는바, 지식은 영혼의 동요하지 않는 동의 또는 파악들의 총체 내지는 체계라 할 수 있다(LS 41 A~C; 41 H).

스토아주의자들과 아카데메이아 사람들은 지혜로운 사람이 의견을 가질 수 없다는 데 동의했다. 하지만 이로부터 스토아주의자들은 지혜로운 자는 파악적이지 않은 표상들에 동의하지 않는다는 결론을 이끌어낸 반면, 아카데메이아 사람들은 지혜로운 자는 동의하지 않는다는 결론을 이끌어냈다.

다) 과학이자 덕으로서의 변증술 바로 이 파악과 동의는 덕으로서의 변증술의 토대가 된다. 왜냐하면 변증술이야말로 일종의 동의의 덕이기 때문이다.[37] 변증술과 수사학은 둘 모두 덕이다. 그러나 그것들은 또한 과학이기도 하다. 왜냐하면 스토아주의자들이 보기에 모든 덕은 곧 앎이기 때문이다.

---

[37] 키케로, 『최고선악론』 III, 72; 『생애』 VII, 46~68; PHerc. 1020.

동의의 덕으로서 변증술은 넷으로 나뉜다. 성급함의 부재, 자의성 또는 경박함의 부재, 반박의 여지 없음, 진지함 혹은 중용이다. 성급함의 부재는 "언제 동의해야 하는지, 또 해서는 안 되는지를 아는 것"이다. 그것은 생각 없이 아무렇게나 동의하는 것이 아니라, 오직 그 표상이 참이고 파악적일 때만 동의하는 것이다. 이 덕이 감각적인 기원을 갖는 표상들에 적용될 뿐 아니라, 대화 과정에서 형성되는 표상들에도 적용된다는 것은 명백하다. 변증술의 두 번째 덕인 자의성의 부재는 "그럴듯해 보이는 것에 대한 이성의 단호함"을 뜻한다. 그것은 참인 것에 대한 동의이지, 그저 그럴듯해 보이는 것에 대한 동의가 아니다. 세 번째 덕인 반박의 여지 없음은 지혜로운 자의 성격을 규정한다. 지혜로운 자는 지식을 완벽하게 소유하고 있기 때문에 논의에서 논박될 수 없고, 의견을 바꾸지도 않는다. 이 덕은 일종의 방어적인 입장과 같은 인상을 주는데, 그것은 마치 변증술이 진리를 발견하는 데 사용된다기보다는 진리를 방어하는 데 사용되는 것과 같다. 그럼에도 변증술은 증명의 능력을 가지고 있다. 변증술의 네 번째 덕인 중용은 "표상들을 바른 이성에 연결시켜준다." 전적으로 변증술적인 맥락과 관련된 세 번째 덕을 제외하고, 나머지의 경우 좁은 의미에서의 변증술의 영역을 이미 훌쩍 넘어선 셈이다.

모든 덕이 그렇듯 변증술도 하나의 과학이며, 그런 점에서 일

정한 정리들을 포함한다. 변증술은 "참과 거짓 그리고 참도 거짓
도 아닌 것에 관한 과학"으로 정의된다. 『생애』(VII, 42)에 따르면,
이 정의는 (참과 거짓인) 명제들과 (참도 거짓도 아닌) 질문들 간의
구별과 관련된다. 그러나 변증술의 영역은 분명 훨씬 더 넓은 게
사실이다. 왜냐하면 그것은 수사학이 관여하는 부분을 제외하
고, 언어와 추론이 관계하는 모든 것에 펼쳐져 있기 때문이다. 변
증술의 이론적 영역을 확장시킨 사람이 바로 크뤼십포스인데, 그
는 이것을 두 개의 영역, 즉 의미되는 것들(의미 내용)의 영역과 의
미하는 것들(의미 형식)의 영역으로 나누었다(『생애』 VII, 62).[38] 의
미 형식은 발성된 소리 가운데 의미가 부여된 것이다. 그러므로
변증술은 바로 이 의미가 부여된 목소리와 그것이 의미하는 내용
모두를 대상으로 삼는다. 의미 형식에 할당된 부분은 언어학과
문법 이론으로 구성되며, 그리스 고전 문법의 기원이 된다. 의미
내용에 할당된 부분은 현대적인 의미에서 "논리학"에 대응된다.

---

[38] 그리스어 원문은 각각 "semainomenon"과 "semaion"이며, 프랑스어로는 "signifié"와
"signifiant"로 옮긴다. 이는 "의미하다, 지시하다"를 뜻하는 동사 "semainein"의 수동태
분사와 능동태 분사 형태로서, 전자는 "의미 내용" "의미되는 것" "지시되는 것"으로,
후자는 "의미 형식" "의미를 담는 것" "기호" 정도로 옮길 수 있다. 언어학에서는 "기의
記意"와 "기표記標"로 옮기기도 한다.—옮긴이

라) 정의와 나눔　정의는 "고유 성질을 찾는 것"이다(『생애』 VII, 6
0). 이 말은 정의에 대한 아리스토텔레스적인 이해들 가운데 하나
를 떠올리게 하는데, 아리스토텔레스에 따르면 정의에는 유와 종
차를 제시해야 한다. 특히 키케로에게서도 찾아볼 수 있는 일련
의 전통에 의하면(『토피카』, 29), 사실상 정의란 고유한 것, 즉 다
른 주어(기체, sujet)에 속하지 않는 것에 이를 때까지 유와 종차들
을 말하는 것이다. 그런데 정작 아리스토텔레스 자신은 『변증론』
(I, 5)[39]에서 정의와 고유 성질을 구별하고 있다. 왜냐하면 고유 성
질은 하나의 주어(기체)에 고유하게 속하는 것이지만, 그것이 무엇
인지를 필연적으로 정의해주지는 않기 때문이다. 예를 들어 "책
을 읽을 줄 안다"는 것은 인간만의 고유 성질이지만 인간을 정의

---

39 아리스토텔레스와 키케로 모두 『토피카Topica』라는 제목의 저술을 남겼다. "토피카"는
"토포스에 관한 이론"을 뜻한다. "토포스"란 직역하면 "터" "장소" "자리" 등 공간을 표
현하는 용어인데, 변증술과 수사학에서는 이것을 "말터" "논거 창고" 등으로 번역한다.
우리가 논쟁에서 자신의 주장을 세우거나 상대 주장을 논박하기 위해서는 일련의 전제
들로부터 결론을 도출해내야 한다. 그러기 위해서는 대화자나 청중이 동의할 수 있는
"매우 일반적인 수준의 전제들"을 사용하여 논증을 구성해야 한다. 이때 전제들로 사용
되는 논변의 재료 혹은 항목들을 "토포스"라 부르며, "토피카"란 토포스들의 종류를 항
목에 따라 분류하고, 그것들을 어떻게 사용해야 효과적인 논증이 이루어지는가를 다루
는, 일종의 토포스들에 관한 이론이다. 이 책에서는 두 작품 간의 혼동을 피한다는—순
전히 편의적인(!)—이유로 키케로의 작품은 『토피카』로, 아리스토텔레스의 작품은 『변
증론』으로 옮기도록 하겠다. 키케로의 『토피카』는 아직 우리말로 번역되지 않은 반면,
아리스토텔레스의 『토피카』는 현재 『변증론』이라는 제목으로 번역되어 있다(김재홍 옮
김, 도서출판 길, 2008).—옮긴이

해주지는 않는다. 고유 성질이 정의를 확립해줄 수 있는 것은 몇몇 특수한 경우에만 해당된다. 그러므로 크뤼십포스가 정의를 "고유 성질을 찾는 것"이라고 규정했다면, 그것은 고유한 차이[40]를 우리가 정의라고 부르는 것에 부여하는 것이라고 추측해볼 수 있다. 그 밖에도 크뤼십포스는 엄밀한 의미의 정의와 "개요" 혹은 "개략적인 묘사"를 구별할 것을 주장했다(『생애』 VII, 60). 왜냐하면 이것들은 그저 "문제시되는 실재를 인정할 수 있도록 일반적인 방식으로 소개해줄 수 있을 뿐"이기 때문이다(*SVF* II, 227). 예를 들어 "명제는 참인 것 또는 거짓인 것이다"라는 말은 명제의 개요에 해당된다(『반박』 VIII, 2). 반면에 그것의 정의는 "그 자체의 능력에 따라 단언 가능한 완전한 진술"이다(『생애』 VII, 65). 이 정의가 유를 종으로 나눔으로써 구성된 것임은 분명하다.

정의가 유를 종으로 나눔으로써 구성되는 이상, 나눔의 이론이야말로 논리학의 해당 분과를 구성하는 부분이 된다. 디오게네스 라에르티오스에 따르면(D.L VII, 61~62), 스토아주의자들은 나눔을 다음과 같이 구분했다. 유를 그것에 인접한 종들로 나누는 본래적인 의미의 나눔, 유를 서로 반대인 종들로 나누는 반대

---

40 즉 고유 성질을 말한다.—옮긴이

도식 1. 유를 종들로 나눔(본래적 의미의 나눔)

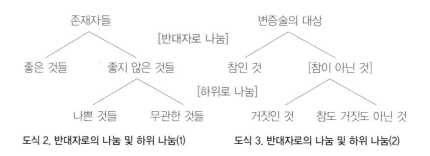

도식 2. 반대자로의 나눔 및 하위 나눔(1)   도식 3. 반대자로의 나눔 및 하위 나눔(2)

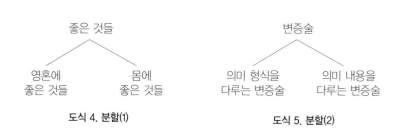

도식 4. 분할(1)   도식 5. 분할(2)

자로의 나눔, 그리고 나눠진 것을 다시 나누는 하위 나눔, 마지막으로 유를 그것이 적용되는 "영역들"이나 "토포스들"에 따라 나눠 정리하는 분할이 그것들이다. 디오게네스 라에르티오스가 제공한 예들을 보면, 이렇게 서로 다른 나눔들이 갖는 차이를 쉽게 이해할 수 있다.

마) 의미작용 이론 섹스투스에 따르면, 우리는 함께 연결되어 있는 세 가지 실재들을 구별해야 하는데, 그것들은 각각 의미 내용, 의미 형식, 외부 담지자다.[41] 의미 형식은 발성된 소리로서 예컨대 "디온"이 여기에 해당된다. 이 말은 일종의 물체다. 왜냐하면 소리란 "청각으로 느낄 수 있는 공기의 두드림"으로서 파동의 형태로 전파되는 것이기 때문이다. 반면에 의미 내용 또는 렉톤 *lekton*[42]이란 "발성을 통해 드러나는 것으로, 우리 사유와 일치하는 것으로서 존재한다." 이것은 비물체적인 것이다. 마지막으로 이름의 담지자는 외부 대상, 즉 디온이라는 인물 자신이다. 이것은 물체다.

---

41 『반박』 VIII, 11~12(LS 33 B). 이 이론은 이를테면 뜻과 기호, 그리고 지시체를 구별했던 프레게의 이론처럼 종종 현대적인 이론들과 비교되기도 한다.

42 "말해질 수 있는 것" 혹은 "언표될 수 있는 것"이라는 뜻이며, "의미체意味體"라고 번역되기도 한다.

섹스투스에 의하면, 예컨대 "디온"처럼 한 이름의 의미 내용은 참이거나 거짓이다. 하지만 참 또는 거짓인 의미는 그냥 "디온"처럼 단순하게 언표된 것의 의미가 아니라, 이를테면 "디온이 걷는다"와 같이 복합적으로 언표된 것의 의미다. 아리스토텔레스에게서와 마찬가지로, 어떤 것이 참이거나 거짓이기 위해서는 그것이 어떠하다는 서술이 필요하다. 그러나 언표 그 자신이 참이나 거짓이 아니라, 바로 그 언표를 통해 의미되는 것이 참이나 거짓인 것이다. 크뤼십포스와 그의 후계자들, 특히 셀레우키아의 디오게네스 같은 사람은 복합문을 구성하는 다양한 형태의 표현이나 단어들에 관심을 보였다. 바로 이 이론을 비롯하여 이른바 "표현의 덕들", 다시 말해 좋은 담론의 형식적 특징들에 관한 이론들(『생애』 VII, 59)은 의미 형식들의 영역을 다루는 변증술의 핵심이라 할 수 있다.

스토아주의자들은 문장을 다섯 부분 혹은 다섯 "요소들"로 구분했다(『생애』 VII, 57~58). 우선 "보통명사"는 이를테면 "인간"이나 "말"과 같이, 일종의 보편 성질을 뜻한다. 다음으로 "이름"(고유명사)은 예컨대 "디오게네스" "소크라테스"처럼, 개별 성질을 지칭한다. 또한 "동사"는 "불완전하고 결합되지 않은 술어"를 의미한다. 예를 들면 "쓰다" "말하다" 등이 이에 해당된다. 그리고 접속사는 문장의 부분들을 잇거나 연결해준다. 마지막으로 관사article 혹은 관절articulation은, 프랑스어의 정관사들(le, la, les)이 그렇듯이 단어들의 유類 및 그것들의 수를 규정하는 일을 한다. 이 가운데 앞의 두 가지 구별은 후대의 문법 전통 속에서 하나로 합쳐지게 된다. 후대의 문법에서도 일반명사와 고유명사를 구별하긴 하나, 그것들은 모두 그저 명사들로서 간주될 것이다. 이 이론은 플라톤적인 "이데아들"(즉 실제로 존재하는 보편자들)이란 존재하지 않으며 오직 개별자들만이 있을 뿐이라는 논제를 통해 암시된다.

언뜻 보기에 문장의 부분들 사이의 의미론적 구분은 의미 형식과 의미 내용, 그리고 담지자를 구별하는 이론과 완벽하게 일치하지는 않는 것처럼 보인다. 왜냐하면, 셀레우키아의 디오게네스의 이론에 따르면, "소크라테스"라는 이름은 소크라테스와 같은 하나의 성질을 직접 뜻하는 반면, 섹스투스가 전하는 이론에 따르면, "디온"이라는 이름은 하나의 비물체적인 의미를 뜻하며 디온을 통해 전달되기 때문이다. 만일 누군가가 이 둘을 엄밀하게 포개놓고 본다면, "디온"과 같은 한 이름의 의미는 비물체적인 성질이면서 한 물질적 개체를 통해 전달되는 것처럼 보일 것이다. 그러나 원칙적으로 스토아주의자들에 따르면, 신체의 성질들은 물체적이다.

사실 여기에는 서로 다른 두 개의 맥락이 있다. 섹스투스의 텍스트는 무엇보다도 의미 형식과 의미 내용, 그리고 담지자를 구별하는 것을 정의하도록 기능하는 반면, 디오게네스의 정의는 그것들 사이에 서로 다른 단어들의 형태를 구별짓는 기능을 하기 때문이다. 예를 들어 한 명사의 의미와 한 동사의 의미는 서로 다르다. 동사의 의미는 술어, 즉 무엇인가에 대해 이야기되는 것인 반면에 명사의 의미는 우리가 서술하는 그 무엇에 관한 것, 즉 하나의 격格이다.[43] 이것은 일종의 통사론적 차이인 셈이다. 그러나 호칭과 이름의 구별이 문제가 되는 경우, 이 차이는 더 이상 의미들의 통사론적 기능을 통해 이루어지지 않는다.

바) 의미된 것들(의미 내용) 스토아주의자들은 렉톤, 즉 말해질 수 있는 것들 가운데 완전한 것들과 불완전한 것들을 구분했다. "불완전한 것들은 발화된 것들 가운데 자세한 설명을 필요로 하는 것으로서 예컨대 '쓴다'가 이에 해당된다.(왜냐하면 우리는 누가 쓰는지를 찾으려 하기 때문이다.) 반면에 완전한 것들은 발화된 것

---

43 격格에 관한 최초의 이론은 아리스토텔레스에게서 찾아볼 수 있다. 그는 명사와 명사의 "격" 또는 변형(다시 말해 보어의 기능에 따른 명사의 형태들)을 구별했다. 프랑스어에는 격이 극히 드물게만 남아 있다. 예컨대 대명사 "나는je"은 주격인 반면, "나에게/나를me"은 동일한 대명사가 비스듬한 형태로 변화된 것斜格, cas oblique이다. 아리스토텔레스와 달리 스토아주의자들이 보기에는 똑바른 격(주격)이 존재하며, 격은 하나의 의미이지 단어가 아니다.

들 가운데 부가적인 설명을 필요로 하지 않는 것으로서, 예컨대
'소크라테스는 쓴다'가 이에 해당된다. 불완전한 렉톤들 안에는
술어들이 배열된다."(『생애』 VII, 63) 비록 분명하게 언급되지는 않
았지만, 격格들 역시 또 다른 종류의 불완전한 렉톤일 수 있다. 이
불완전한 렉톤들은 참도 거짓도 아니며, 참이거나 거짓이 되는
완전한 렉톤을 이루기 위해서는 결합되어야 한다.

그렇다고 해서 모든 완전한 렉톤들이 참이거나 거짓인 것은 아
니다. 참도 거짓도 아닌 완전한 렉톤들로는 무엇보다도 질문, 문
의, 명령, 맹세, 바람, 기도, 예시, 가정, 호명, 준準명제[44], 의심
어린 발언이 있다.[45] 질문과 문의를 구별하는 것은 변증술의 맥
락에서 중요하다. 질문은 "예"나 "아니오"로 대답해야 하는 물음
인 반면, 문의는 (예컨대 "디온은 어디에 사는가?"처럼) 한결 더 나아
간 답을 요구한다. 예시는 가정처럼 비명제적인 발화로서, 예컨대
"직선 AB가 있다고 하자"와 같이 주로 추론에 사용된다.

명제야말로 유일하게 참 또는 거짓인 렉톤이다. 아리스토텔레

---

44 원문은 "guasi-proposition"이다. "유사-명제"라고도 부른다. 일상의 언어생활 속에서
는 명제처럼 보이지만, 엄밀한 수준으로 그 의미를 분석해보면, 참 거짓을 판별할 수 없는
진술을 말한다. 예컨대 "나는 해가 동쪽에서 뜬다고 생각해"라든가, "그녀는 아름답다"처럼
주로 화자의 의견이나 감정을 표현할 때 사용된다.—옮긴이

45 『생애』 VII, 66~68; 『반박』 VIII, 71~74.

스가 『명제론』 9장에서 미래를 나타내는 몇몇 명제는 참도 거짓도 아닐 수 있다는 가능성을 열어둔 데 반하여, 크뤼십포스는 모든 명제는 참이거나 거짓이라고 주장한다.(이는 현대 논리학에서 "이치 二値 원리"라고 부르는 것이기도 하다.)

크뤼십포스에 따르면, 명제란 "자기 자신이 갖고 있는 능력에 의해 단언될 수도 있는" 완전한 렉톤이다(『생애』 VII. 65). 그러므로 명제가 반드시 언표되어야 할 필요는 없다. 그러나 바로 그 사실로부터 명제의 존재론적 위상은 모호해진다. 디오게네스 라에르티오스에 따르면(『생애』 VII. 64), 하나의 명제를 "낳기" 위해서는 최소한 하나의 술어와 하나의 주격에 해당되는 것이 결합되어야 한다. 따라서 명제는 명사의 의미와 동사의 의미로 구성된 셈이며, 그 점에서 명제는 어떤 방식으로든 하나의 명사와 하나의 동사를 표현함으로써 생겨난다. 그러나 다른 측면에서 볼 때, 명제는 "이성적인 표상에 부합하는 속에서" 존재한다. 심지어는 누군가가 이성적인 표상을 생각만 할 뿐, 그것을 언표하지 않는다 할지라도 말이다. 그 외에도 명제 및 술어의 개념들은 원인에 관한 이론의 맥락 안에서도 나타난다. 예를 들어 클레안테스는 원인이 비물질적인 술어의 원인이며, 또한 명제의 원인이기도 하다고 주장했다.[46] 그러므로 술어와 명제들은 담론과 표상 너머에서, 발화되거나 사유되는 사태와 독립적으로 존재하는 것처럼 보인다.[47]

모든 명제는 각각 모순관계인 명제를 가지고 있는 게 사실이며, 그 결과 실재 안에서 일어나는 사태와 관련해서도, 적어도 이에 부합하는 두 개의 명제, 즉 참인 명제와 이와 모순관계인 거짓 명제가 있는 것처럼 보인다. 그러나 스토아주의자들은 참인 명제가 존재한다고 주장한 반면, 거짓인 명제는 존재하지 않는다고 주장했다(LS 34 D).

그로부터 어떤 명제들은 참일 수도 있고 거짓일 수도 있다는 결론이 도출되는데, 이것은 몇몇 궤변론에서 사용하는 것이기도 하다.[48] 예컨대 "낮이다"라는 명제는 참이기도 하고 거짓이기도 하다.

크뤼십포스와 그의 계승자들은 서로 다른 형태의 명제들을 구별했다. 즉 어떤 것들은 단순하고 또 어떤 것들은 단순하지 않다는 것이다. 단순한 것들은 하나의 격과 하나의 술어만을 포함하는 명제들이다. 단순하지 않은 것들은 둘 이상의 단순 명제로 구성된 명제들이다. 단순 명제는 긍정肯定 명제과 부정否定 명제로 구

---

46 본문 120~121쪽을 보라.

47 cf. 세네카, 『편지』, 117, 13(LS 33 E).

48 섹스투스 엠피리쿠스, 『개요』 II, 229~234(LS 37 A); cf. 에픽테토스, 『담화록』 I, 7, 20~21 등.

분된다. 긍정 명제 중에서는 "(명사에 의해 의미되는) 주격"과 "술어"로 이루어진 정언 명제(예컨대 "디온이 걷는다"), 주격 지시사와 술어로 이루어진 지시 명제 혹은 지칭 명제("그가 걷는다"), 그리고 불특정 원소와 술어로 구성된 부정 명제("누군가가 걷는다")를 구별해야 한다.[49]

단순하지 않은 명제들에는 몇 가지 유형이 있다. 그것들은 둘 이상의 단순 명제로 이루어지는데, "그리고" "또는" "만일"과 같은 접속사를 통해 하나로 연결된다.[50] 세 가지 근본적인 명제들은 바로 이 세 개의 연결사를 사용하는 것이며, 이것들은 우리가 추론에서 찾아볼 수 있는 명제들이기도 하다.

   1) 연언 명제는 "그리고"로 연결된 것이다. 이 명제는 이것을
      구성하는 단순 명제들이 모두 참일 때 참이 된다.

   2) 선언 명제는 "또는"으로 연결된 것이다. 이 명제는 이것을
      구성하는 단순 명제들 중에서 하나만 참이면 다른 것(들)
      이 거짓이어도 참이다.("낮이거나 또는 밤이거나") 이것은 일

---

49 『생애』 VII. 69~70(LS 34 K); 『반박』 VIII. 93~98(LS 34 H).

50 『생애』 VII. 71~74; 관련 텍스트들은 LS 35에 함께 수록되어 있다.

종의 배타적 선언 명제다.

3) 조건 또는 함축은 "만일 …라면, 그렇다면 …이다"로 이루
어진 것이다. 이 명제의 타당성 기준을 둘러싼 논쟁이 메
가라학파의 변증가들이었던 디오도로스와 필론에 의해
처음 시작되었는데, 크뤼십포스는 이 문제를 다시 다루었
다.51 이 논쟁은 전건("만일…"로 시작되는 명제)과 후건 사
이에서 어떤 관계가 이루어지는지의 여부에 기반한다. 필
론에 따르면, 만일 후건이 거짓이 아니고 전건이 참이라
면, 함축은 참이다. 디오도로스에 따르면, 전건이 참이라
고 할 때, 후건은 절대로 거짓이어선 안 된다. 이 기준은
동일한 것처럼 보인다. 그러나 디오도로스는 명제가 진리
가를 바꾼다는 사실을 고려했다. 예를 들어 필론에게 있
어서 하루 중 낮이고 내가 말을 할 때, "만일 낮이라면,
나는 말한다"는 참이다. 그러나 디오도로스에게 있어서
이것은 거짓이다. 왜냐하면 여전히 낮임에도 내가 말하기
를 그치는 순간이 있을 것이기 때문이다. 크뤼십포스는
또 다른 기준을 도입했다. 그것에 따르면, 후건의 부정과

---

51 『반박』 I. 309~310; VIII. 112~117; 『개요』 II. 110~113(LS 35 B); 키케로, 『운명에 관하
여』 14~15.

전건 사이에는 양립 불가능성이 있어야만 한다. 우리는 키케로 덕분에 크뤼십포스가 이 기준을 점성가들의 정리에 적용시켰다는 것을 알고 있다.(크뤼십포스는 점성술을 과학이라고 생각했다.) 크뤼십포스는 그것을 "만일 …라면, 그렇다면 …이다"라는 조건문으로 정식화하는 대신, 연언의 부정, 즉 "p이자 동시에 ~q가 아니다"로 정식화하기를 원했다. 이러한 재정식화가 흥미로운 점은 함축("p이자 ~q인 것은 불가능하다") 속에 양상의 가치가 들어 있다는 것이다. 이는 점쟁이들의 예언을 필연적인 것으로 만들어주는바, 연언의 부정에서는 해당되지 않는 것이다.

함축 이론과 마찬가지로 양상 이론 또한 필론과 디오도로스의 이론과의 관계 속에서 규정될 뿐만 아니라 아리스토텔레스의 이론과의 관련 속에서도 규정된다. 아리스토텔레스에게 있어서 양상들은 분명하다. 즉 양상 명제란 "…이 가능하다"라든가 또는 "…이 필연적이다"라는 형식으로 제출된 명제를 뜻한다. 필론과 디오도로스, 그리고 크뤼십포스에게 있어서, 양상들은 명제 안에서 언표되지 않는다. 예를 들어 우리는 "그가 걷는다"와 같은 명제가 가능 명제라고 말할 것이기 때문이다.

디오도로스의 독창성은 현재 또는 미래의 가능과 현실을 동일

시한다는 데 있다. 가능은 현재 또는 미래에도 참일 것이다. 불가
능은 결코 참이 아닐 것이다. 크뤼십포스는 필론의 이론에 한결
더 가까운 입장을 취했다. 사실상 "필론은 본성상 참인 술어가
생기는 것이 가능하다고 주장했다. 예컨대 내가 '나는 오늘 테오
크리토스의 『목가들』을 다시 읽을 거야'라고 말할 때가 그렇다. 만
일 외부의 어떠한 것도 그것을 막지만 않는다면, 그 경우 이것은
그 여부가 자신에게 달린 한 참으로서 서술될 수 있는 것이다."
이와 유사한 방식으로 크뤼십포스에 따르면, "예컨대 '디오클레스
가 산다'처럼, 외부의 어떠한 것도 참이 되는 것을 막지 않는다면,
참이 되는 것은 가능하다."[52] 가능 명제란 모순되지 않는 명제이
자, 외부의 사물들이 그렇게 되는 것을 막지만 않는다면 참일 수
있는 명제다. 그러나 이것이 그 명제가 생겨날 것임을 뜻하지는
않는다. 가능하긴 하지만 생겨나지는 않을, 그런 사물들도 있다.
역으로 운명에 종속된 그리고 실현될 것이긴 하지만 필연적이지
는 않은 사물들도 있다.

　크뤼십포스에 이르러 정의들은 복잡해진다. 왜냐하면 그는 현
실에서 가능을 구분하기를 원하며, 정의들은 명제들의 내재적인

---

52 보에티우스, 『아리스토텔레스의 「명제론」 주석』 III, 9, pp. 234, 1~235, 11 그리고 『생
　애』 VII, 75(LS 38 D).

성질(즉 참이 될 수 있거나 거짓이 될 수 있는 성질)과 외적인 환경들을 결합시키기 때문이다. 우리는 이 복잡한 관계들을 다음의 표를 통해서 재현해볼 수 있다.

표 1. 양상들

	참일 수 있는	거짓일 수 있는	참일 수 있지 않은	거짓일 수 있지 않은
외부 환경이 막지 않을 경우	가능한	필연적이지 않은	불가능한	필연적인
외부 환경이 막을 경우	불가능한	필연적인		

사) 추론 및 소피스트술 "추론" 또는 "연역"은 추리의 특수한 장르다. 모든 추리는 "전제들"로 이루어진 전체이며, 그 전제들로부터 우리는 결론을 이끌어낸다. 전제들은 두 대화자가 공동의 합의를 통해 받아들인 명제들이다. 따라서 우리는 변증술의 영역에 놓이게 된다. 추론은 결론이 명백한 추리다. 결론이 확고한 추론이란 형식적으로 타당한 추론을 말한다. 즉 논증의 전제들은 결론이 모순 없이 도출되는 타당한 조건문을 전건으로 구성할 수 있어야 한다. 이 기준에 따르면 우리는 명제들이 거짓임에도 타당한 추론을 확보할 수 있다. 하나의 추론은 만일 그것을 구성하

는 명제들이 그 자체로 참일 경우 참이다. 증명적 추론이란 분명한 전제들에서 출발하여 분명하지 않았던 것을 연역해내는 추론을 말한다.[53] 오늘날의 용어로 말하자면, 첫 번째 기준은 통사론적인 것이고, 두 번째 기준은 의미론적인 것이며, 세 번째는 인식론적인 것이다. 이 세 가지 조건이 모두 모였을 때에만 우리는 증명과 관계를 갖게 되는 것이다.

　추론에는 두 가지 유형이 존재한다. 하나는 "증명이 불가능한 것들"이고, 다른 유형은 분석의 절차를 통해 더 이상 증명이 불가능한 것들로 인도될 수 있는 것들이다. 크뤼십포스는 다섯 가지의 증명 불가능한 것을 인정했는데, 그것들은 요소적으로 단순하지 않은 명제들, 즉 선언, 연언 그리고 함축 명제들로부터 구성된다.

　　P이면 Q이다. 그런데 P이다. 그러므로 Q이다.
　　P이면 Q이다. 그런데 Q가 아니다. 그러므로 P가 아니다.
　　P와 Q가 동시에 생길 수 없다. 그런데 P이다. 그러므로 Q가
　　아니다.
　　P이거나 Q이다. 그런데 P이다. 그러므로 Q가 아니다.

---

53 『개요』 II, 135~143(LS 36 B).

P이거나 Q이다. 그런데 P가 아니다. 그러므로 Q이다.

단순하지 않은 추론들은 단순한 추리들(즉 다섯 가지의 증명 불가능한 것)로 이루어진 추론들이며, 이것들은 그 타당성을 알 수 있기 위해 분석될 필요가 있다.[54] 확실히 분석적 방법의 사용이란 훗날 사람들이 구문 분석 과정이라고 부르는 것이다. 즉 그것은 추리를 일련의 타당한 추론들의 형식을 취하는 숨은 구조로 되돌려놓는 것이기 때문이다. 추론의 분석적 방법을 적용시킨 유일한 예는 섹스투스에게서 찾아볼 수 있다(『반박』 VIII, 229~237 = LS 36 G).

첫 번째 예는 단순하지 않은 추론의 경우다. 이것은 닮은 두 개의 증명 불가능한 전제로 구성되어 있다.

만일 낮이면, 그러면 〈만일 낮이면〉, 빛이 있다.
그런데 낮이다.
그러므로 빛이 있다.

---

54 『생애』 VII, 76~81(LS 36 A). "P"와 "Q"는 명제들을 나타낸다.

이 추론을 분석해보면, 이것이 두 개의 전제로 되어 있으며 이 것들로부터 우리가, 첫 번째 증명 불가능한 것을 추가함으로써, 첫 번째 전제의 결과를 타당하게 도출해낼 수 있음을 볼 수 있다. 즉,

> 만일 낮이면, 그러면 〈만일 낮이면〉, 빛이 있다.
> 그런데 낮이다.
> 그러므로 〈만일 낮이면, 빛이 있다.〉

이 결론은 암묵적으로 혹은 "가상적으로" 도출된 것이다. 만일 우리가 여기에 "낮이다"라는 전제를 추가한다면, 우리는 찾던 결론을 얻게 된다. 즉,

> 만일 낮이라면, 빛이 있다.
> 그런데 낮이다.
> 그러므로 빛이 있다.[55]

---

[55] 이 책의 부록 1을 보라.―옮긴이

　　크뤼십포스는 네 가지 "주제들" 또는 이 분석들을 가능케 해주는 네 가지 변형의 규칙들을 사용했다.

　　타당한 추론들과 나란히 스토아주의자들은 또한 "궤변론", 즉 "설득력 있으면서도 기만적인" 추론들의 목록을 작성했다. 이것들은 우리가 잘못된 결론을 받아들이도록 만드는데, 그 이유는 이것들이 사실은 그렇지 않으면서도 타당하고 참인 것처럼 나타나기 때문이다. 그 대부분은 디오게네스 라에르티오스가 열거하고 있다(『생애』 VII, 82). 스토아주의자들은 대부분의 궤변을 고안해내지 않았다. 반대로 그들은 이것들을 해결하는 길을 모색했다. 몇몇 논증들, 이를 테면 "연쇄 논증"(어떤 양적인 시초에서 출발할 때 우리는 적은 것에서 많은 것으로 나아가는가 하는 물음 위에서 전개되는 논증)이라든가,[56] 거짓말쟁이 논증, 즉 만일 내가 거짓말을 하고 있다고 선언한다면 나는 참을 말하는 동시에(왜냐하면 내가 거짓말을 하는 것은 사실이니까) 거짓을 말한다(왜냐하면 나는 거짓말을 하고 있으니까)고 주장하는 것, 또는 인간 부정 논증(『생애』 VII,

---

[56] 예를 들면 다음과 같은 것이 있다. "쌀 두 톨로는 한 덩어리가 되지 않는다. 세 톨로도 한 덩어리가 될 수 없다. 그러면 도대체 몇 톨이 모여야 한 덩어리가 되는가?" 이 논증은 "소리테스 논증"이라고도 불리는데, "소리테스sorités"라는 말은 "덩어리" 또는 "더미"를 뜻하는 그리스어 "sôros"에서 유래한 것이다. 철학사에서는 이 논증이 스토아학파의 것이 아니라, 변증술에 능했던 메가라학파의 것이라고 보기도 한다.—옮긴이

187)[57] 등은 지극히 유명할뿐더러 많은 논쟁을 야기한 것들이다.

윤리학

—

가) 윤리학의 구분 디오게네스 라에르티오스에 따르면(『생애』 VII, 84 = LS 56 A), 크뤼십포스와 그의 후계자들은 윤리학의 주요 부분을 다음과 같이 나누었다. "충동에 할당된 영역, 그리고 좋음(선)과 나쁨(악)에 할당된 것, 정념들에 할당된 영역, 덕과 목적들, 제일의 가치, 행위들 및 권장할 것과 금해야 할 것." 오직 제논과 클레안테스만이 "더 옛날 사람들이었기 때문에 훨씬 더 단순한 구분을 채택했다."

우리는 윤리학에 관하여 세 가지 보고를 활용할 수 있다. 하나는 디오게네스 라에르티오스의 것(『생애』 VII, 84~131)으로서 가장 오래된 것이다. 다른 하나는 키케로가 『최고선악론』 III권에서 전해주는 것이며, 나머지 하나는 아레이오스 디뒤모스가 썼다고

---

57 예를 들면 다음과 같다. "만일 누군가가 메가라에 있다면, 그는 아테네에 있지 않다. 그런데 메가라에 사람이 있다. 그러므로 아테네에는 사람이 없다." 이 논증 역시 메가라학파의 에우불리데스가 고안해낸 것으로 보기도 한다.─옮긴이

알려졌으며 스토바이오스(『선집』 II, 7, 57~116)를 통해 전승된 것이다. 이 보고들 가운데 어떠한 것도 크뤼십포스가 정한 것으로 알려진 순서를 정확하게 따르지는 않는다. 그러나 같은 주제를 발견할 수는 있다. 디오게네스 라에르티오스와 키케로의 보고는 다루어진 문제들 및 그 순서들의 관점에서 볼 때 거의 동일하다. 키케로에게서는 핵심적으로 정념들에 관한 보고가 빠져 있다. 그러나 이것은 그가 『최고선악론』을 집필하고 한 달 뒤에, 『투스쿨룸 대화』를 쓰면서 그 안에서 정념들에 관하여 기술하게 된다는 사실을 통해 설명된다. 이 두 보고와 아레이오스의 보고 사이에서 가장 주목할 만한 차이점은 후자의 보고에는 충동에 관한 내용이 없다는 사실이다. 이 보고는 좋은 것들과 나쁜 것들, 무관한 것들을 구분하면서 시작하지만, 충동에 관해서는 다루지 않는다. 이는 아마 아레이오스의 보고가 좋은 것들과 나쁜 것들, 무관한 것들 간의 근본적인 구분에서 출발하여, 나눔과 정의를 통해 윤리학의 분절을 보여준다고 생각할 수 있다. 반면 충동이라는 주제는 증명적인 기능을 한다고 볼 수 있다.

나) 좋은 것들, 나쁜 것들, 무관한 것들 디오게네스 라에르티오스와 마찬가지로, 아레이오스 디뒤모스가 보기에도 스토아 윤리학의 근본적인 분류는 좋은 것善들, 나쁜 것惡들, 무관한 것들을

구별하는 데 있다.(도식 2와 도식 6을 보라.) 이는 하위 분할과 부정을 통한 (반대자로의) 분할의 원리 위에서 이루어진다. 한편 무관한 것들의 단계에서는 한 번 더 선호할 만한 것들과 선호하지 않은 것들의 나눔이 이루어진다.

　이 구분은 아레이오스 디뒤모스에 의해 "존재자들의 분류"로서 분명하게 제시되고 있다. 그러나 여기서는 윤리학의 대상이 되는 실재들만이 관건이 된다. 전반적으로 볼 때, 문제는 인간에게 유용하거나 이익이 되는가 하는 것이다. 이때 좋은 것들과 나쁜 것들은 영혼에 관계하는 반면, 무관한 것들은 오히려 우리 몸과 관계한다. 우리는 덕과 악의 문제와 관련하여 관건은 결국 윤리적인 덕과 악이라는 점에 주목하게 될 것이다. 그러나 어쩌면 여기에다가 윤리적이지 않은 덕들을 덧붙여야 할지도 모른다. 그것은 키케로가 지칭하듯이 변증술적인 덕과 자연의 덕을 말한다(『최고선악론』 III, 72). 우리 도식에서는 윤리적인 주요 덕들만이 묘사되고 있다. 하지만 크뤼십포스는 이것의 아래에 다수의 작은 덕들을 위치시켰다.

　사실 디오게네스 라에르티오스가 소개하는 것과 아레이오스 디뒤모스가 소개하는 것 사이에는 몇 가지 차이점이 있으며, 여기에 제시된 도식이 모든 것을 다루고 있지는 않다. 디오게네스 라에르티오스에 따르면(『생애』 VII, 95~96), 영혼과 관련하여 좋은

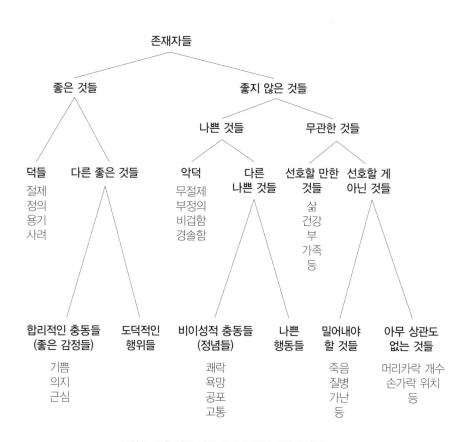

도식 6. 좋은 것들, 나쁜 것들, 무관한 것들의 분류

것들과 나쁜 것들이 있는바, 이것들은 덕과 악덕, 아울러 도덕적인 행위들 및 외적인 좋은 것들, 즉 "좋은 조국과 좋은 친구들을 갖는 것, 그리고 그들의 번영"을 말한다. 아레이오스는 이 "외적인 좋은 것들"을 따로 고려하지는 않았다. 그러나 그는 덕들 및 도덕적인 행위들에 더하여 "합리적인 충동들"(이는 나쁜 것에 해당되는 정념과는 대립되는 것들이다)을 추가했다. 그러나 외적인 좋은 것들이 분명하게 드러나지는 않았을 뿐이라고 생각해볼 수도 있다. 왜냐하면 그것은 사실상 타자의 덕과 관련된 것이기 때문이다. 주목할 것은 이것이 가족까지 확장되지는 않는다는 사실이다.

무관한 것들 안에서 선호할 만한 것과 선호할 만한 게 아닌 것들의 구별은 이미 고대부터 스토아학파의 적들에게 나타났다. 그들은 스토아주의자들이 말을 가지고 장난친다고 비난했다. 즉 전통적인 "외적인 좋은 것들"을 은밀하게 다시 도입했다는 것이다. 바로 그런 이유 때문에 아리스톤처럼 가장 완고한 스토아주의자들은 무관한 것들 안에서 어떠한 구별도 인정하려 들지 않았다. 그와는 반대로, 제논 이래로 스토아주의자들의 표준적인 입장은 이 선호할 만한 것들의 존재를 주장했고, 엄밀한 의미에서 무관한 것들에 대해서는 제한된 수만을 인정했는데, 이는 인식론 분야에서의 판단 중지에 대응하는 것이다. 왜냐하면 무관한 것들은 충동을 촉발시키지도, 그렇다고 반동을 촉발시키지도 않기 때문이다.

선호할 만한 것과 거부할 만한 것의 구별은 자연과의 합치 여부 및 그 유용성에 의존한다.

좋은 것은 근본적으로 유용하거나 이익이 되는 것이다(『생애』 VII, 94 및 98). 그런데 겉으로 드러나는 것과는 반대로, 몸에 유리한 것들, 그러니까 아름다움이나 건강, 재산과 같은 것들은 항상 이익을 가져다주지는 않는다. 좋은 것이 변함없이 유용한 반면, 이것들은 해를 끼칠 수도 있다. 선용하거나 악용할 수 있는 것은 좋은 것이라 할 수 없다. 덕에 관해서 우리는 오직 선용만을 할 수 있다. 악덕에 관해서는 악용만이 가능하다. 반면에 무관한 것들은 선용될 수도 악용될 수도 있다(『생애』 VII, 103). 그렇기 때문에 스토아주의자들에 따르면 오직 덕만이 좋은 것이다. 혹은 최대한 고려해볼 때, 덕이 있는 행위들 그리고 덕이 있는 행위들을 이끄는 충동들이 합리적이라면, 이 충동들까지가 좋은 것이다. 하지만 그럼에도 불구하고 몸에 유리한 것들은 해롭기보다는 유익한 경우가 더 많으며, "행복이나 불행에 복무할 수 있도록 그것들을 이용하는 일정한 방식이 있다"는 것도 사실이다(『생애』 VII, 104). 그것들은 일정한 가치*axia*를 가지고 있다. 왜냐하면 "삶이 본성에 부합하는 데 기여"하기 때문이다. 그리고 바로 그런 이유로 선호되며, 또 선호할 만한 것*proêgmena*이 되는 반면, 그와 반대되는 것들은 거부할 만한 것이 된다. 종종 그렇듯이, 제논은 경우에 따라서 왕 바로 아래의 "고위직들"이나 그들이 "선호하는 것들"을 지칭하는 용어를 비유적으로 사용하기도 했다. 즉 선호되는 것들은 좋은 것 바로 뒤의 두 번째 열을 차지하지, 좋은 것과 동일시되는 일은 없다는 뜻이다.[58] 그래서 좋은 것은 "넘어설 수 없는" 가치를 지닌다.[59] 하지만 선호되는 것들은 "조화로운 삶에 기여할 뿐이다."(『생애』 VII, 105) 또한 이것들은 일반적인 범주로서 상황에 의존적일 수 있다. 반면, 좋은 것과 나쁜 것은 한결같이 일의적이다.

다) 원초적 충동과 그것의 극복 덕의 우월성을 확립하기 위해 스토아주의자들은 동물 및 인간의 충동, 특히 "원초적" 충동에서 출발한다. 충동 혹은 "욕동"은 "무엇인가를 향한 영혼의 운동"으로서 인간과 동물에 공통된 것이며, 인간에게 있어서는 "행위의 영역에 속하는 무엇인가를 향한 사유의 운동"이기도 하다. 충동은 특별한 유형의 표상, 그러니까 "적절한 것에 대한 충동적 표상"에 의해 촉발되는데,[60] 예를 들어 그것은 "내가 걷기에 적절하

---

58 키케로, 『최고선악론』 III, 52.
59 스토바이오스, 『선집』 II, 7, p. 100, 18~19(*SVF* III, 208).

다"와 같은 형식에서 비롯된다. 크뤼십포스는 그의 논고인 『법에 관하여』에서 충동을 "그에게 행위의 질서를 부여하는 인간의 이유"라고 정의한다.[61] 충동은 그 반대, 즉 반동을 갖는바, 이것은 대상 및 행위의 방향을 바꾼다.

그런데 동물들은 모두 원초적 충동을 갖는다. 이는 자기를 보존하려는 충동 내지는 경향이다. 이를 "오이케이오시스*oikeiôsis*" 또는 "적응" 이론이라고도 한다.[62] "자연은 처음부터 동물을 그 자신에 알맞게 적응시키기 때문이다." 그래서 크뤼십포스는 자신의 논고인 『목적에 관하여』에서 다음과 같이 썼다. "모든 동물에 무엇보다도 적절한 것은 바로 그 자신에 적절한 몸의 구성이고, 자신이 그런 몸을 가지고 있다는 것에 대한 의식이다. 왜냐하면 자연이 동물을 그것 자신과 관련하여 낯설게 하는 것은 그럴듯하지 않으며, 일단 자연이 동물을 산출하고 나서 그것을 버리거나 그 자신에 적응하도록 하지 않는 것도 그럴듯하지 않기 때문이다. (⋯) 그렇게 해서 동물은 자기에게 해로운 것들을 밀쳐내고 자기에게 적합한 것들을 찾는 것이다."[63]

---

60 스토바이오스, 『선집』, II, 7, p. 86, 17~18(LS 53 Q).

61 세네카, 『편지』, 113, 18(*SVF* III, 169).

62 혹은 "자기화" 이론이라고도 한다.─옮긴이

63 『생애』 VII, 85~86(LS 57 A).

"오이케이오시스"라는 용어는 형용사 "오이케이오스"에서 유래했다. 이 말은 나에게 적절한 것, 나에게 속하는 것, 나에게 귀중한 것을 지칭한다. 또한 오이케이오스는 "나의 가정을 이루는 것 *oikia*" 즉 나의 가족이기도 하다. 적응의 원리에 해당되는 것은 감각이다. 왜냐하면 적응은 무엇보다도 "우리에게 적절한 것에 대한 감각*aisthêsis*과 지각*antilêpsis* 안에서 이루어지기 때문이다."[64] 이러한 표상은 분명 충동적 표상이다. 이 표상은 자기 자신 및 그에 고유한 몸을 보존하고자 하는 원초적 충동에 여지를 제공한다. 그리고 일종의 확장 운동을 통해서, 우리에게 적절한 것에 대한 의식과 그것을 보존하려는 충동은 우리 자신을 넘어서 우리에게 친숙하고 귀중한 것, 무엇보다도 우리 가족과 자식들에게까지 확장된다. 그리고 이 "적응"은 도시로, 마침내는 인류 전체로 확장된다. 즉 우리 각자는 여러 개의 동심원 안에 등록되어 있으며, 가장 큰 원은 인류 전체의 원인 것이다.[65] 이 적응은 정의의 원리가 된다. 왜냐하면 이는 이타주의로의 자연스러운 경향을 제공하기 때문이다.

에피쿠로스주의자들은 동물의 원초적 충동이 그것을 쾌락으

---

[64] 플루타르코스, 『스토아주의를 반박함』, 12, 1038 C.
[65] 히에로클레스, in 스토바이오스, 『선집』 IV, 27, pp. 671, 3~673, 18(LS 57 G).

로 이끈다고 생각했다. 또한 그들은 이로부터 쾌락이야말로 자연의 목적인바, 이를 위해 우리가 살아야 하는 것이라고 결론짓는다. 스토아주의자들에 따르면, 쾌락은 동물이나 식물의 몸 구조와 조화를 이루는 것을 얻어낸 결과로서 자연히 따라 나오는 것으로, 쾌락과 유사한 것, 즉 절정[66]을 인식하는 것이다. "인간의 원초적 경향은 그를 자연에 부합하는 것들로 이끄는 것이지" 쾌락으로 이끌지는 않는다. 그러나 이 원초적 충동이 이성적 전개의 끝은 아니며 또한 그렇기 때문에 인간은 이렇게 자연에 부합하는 것들을 욕망하는 것으로 그치지 않는다. 인간이 자연과 일치하는 것들의 일관성을 파악할 때, 그는 이로부터 좋음의 개념을 이해하게 되고, 그가 우선적으로 사랑하는 것들보다는 "질서와, 말하자면 완수해야 할 행위들 속에서의 조화"에 더 큰 중요성을 인정하게 된다.[67] 달리 말하면, 적절함은 우선 생명체를 선호할 만한 것으로 이끈다. 그러나 이성적 동물은 좋음이 선호할 만한 것들보다 더 우월하다는 것을 금세 이해하고, 선호할 만한 것들보다는 좋음에 더 큰 가치를 부여하게 된다.

---

66 혹은 자연의 조화가 활짝 피어난 상태滿開. épanouissement.—옮긴이

67 키케로, 『최고선악론』, III, 20~21(LS 59 D). cf. III, 33~34(LS 60 D); 그리고 세네카, 『편지』, 120(LS 60 E). 자연에 부합하는 행위들을 관찰하고 비교하는 것은 신체의 힘과 건강과의 유비를 통해 좋음의 개념을 이해하도록 이끈다.

라) 목적: 자연과 어울려 살기 목적이란 우리의 모든 행위가 추구하는 것이며, 그 외의 다른 어떤 것을 위해 행하는 것이 아니다.[68] 이것은 "목적"의 좁은 의미로서, 궁극적인 목적이자 "가장 최종적인 또는 가장 완전한" 목적이며, 아리스토텔레스가 정의한 그대로다(『니코마코스 윤리학』 I, 7, 1097a30). 『니코마코스 윤리학』(I, 22)에 따르면, 우리가 행하는 모든 것은 특정한 좋음을 위한 것이다. 그러나 각각의 좋음은 또 다른 어떤 것을 위해 행해진다. 그리고 우리는 좋음에서 좋음으로 올라가며 궁극적인 좋음에까지 이를 수 있는데, 이것이 우리 행위의 궁극적인 목적이다. 왜냐하면 우리는 오직 그 목적 자체를 위해 그것을 선택하지, 다른 어떤 목적을 위해 선택하지 않기 때문이다. 아리스토텔레스가 보기에 이 목적은 행복이며, 관조적인 삶 속에서 정점에 도달하게 된다. 스토아주의자들은 우리가 행하는 여타 모든 것이 달려 있다고 보는 이러한 목적 개념을 받아들인다. 그러나 그들은 이 위계의 정점에 관조적인 삶이 있다는 생각을 부정한다. 그 외에도 그들은 목표와 목적을 구별하고, 행복은 목표인 반면(즉 행복한 삶은 목표다), 목적은 행복에 도달하는 것이며,[69] 더 나아가 행복에 도달하

---

[68] 스토바이오스, 『선집』 II, 7, p. 77, 16~17(LS 63 A); p. 46, 5~7(*SVF* III, 2).
[69] 위의 책, p. 77, 25~27(LS 63 A 3).

기 위해 모든 것을 행하는 것이라고 강조한다. 이는 마치 궁수가
자신의 목표(즉 과녁)에 이르기 위해 모든 것을 해야 하지만, 그의
최후의 목적이 목표에 이르기 위해 모든 것을 행하는 것이지 목
표 그 자체는 아닌 것과 같다.[70]

그러나 스토아주의자들은 목적이 행복에 있다든가 또는 행복
에 도달하고자 노력하는 데 있다고 말하는 것으로 만족하지 않
는다. 그들은 분명하게 행복에 어떤 내용을 부여하며, 행복하게
해주는 것을 규정한다. 행복한 삶을 도덕적인 삶과 동일시함으로
써 그들의 독창성을 특징짓는 것도 바로 이 점에서다. 제논과 그
의 계승자들은 행복을 "규칙적인 경로를 따르는 삶"이라고 정의
한다. 그리고 오직 덕만이 삶 속에서 이러한 규칙성을 얻게 해줄
수 있다. 스토아주의자들에 따르면, 목적에는 세 가지 정의가 있
는데, 이 세 정의는 어느 정도 등가를 이룬다. 그 각각은 다음과
같다. "덕에 부합하는 삶, 조화로운 삶 또는 동일한 것으로 있는
것, 그리고 자연에 부합하는 삶."[71] 이 세 정의는 학파 초기의 세
학자들(제논, 클레안테스, 크뤼십포스)에 의해 전개되었다. 하지만
스토바이오스와 디오게네스 라에르티오스는 각자가 목적을 정의

---

70 키케로, 『최고선악론』 III, 22(LS 64 F).
71 스토바이오스, 『선집』 II, 7, p. 77, 18~19(LS 63 A).

하는 방식에 있어서 서로 다른 버전을 내놓고 있다.

스토바이오스에 따르면(아마도 아레이오스 디뒤모스의 진술을 재론했을 개연성이 높은데[72]), 제논에게 있어서 목적은 "조화롭게 사는 것*homologoumenôs*"(즉 일관된 방식의 삶)으로 이루어진 것이 아니다. 그것은 조화로운 경로를 추구하는 삶으로서의 행복의 정의에 대응한다. 즉 목적은 유일한 이성적 원리에 따라 사는 것, 또한 결과적으로 자기 자신과 상충되는 것을 피하는 일관된 방식에 따라 사는 것으로 이루어진다. 이 밑바탕에는 일정하고 규칙적인 방식으로 흐르는 강물의 비유가 있다. 클레안테스가 보기에 목적은 언제나 일관된 방식으로 사는 것으로 이루어진다. 그러나 그는 "자연과 더불어"라는 말을 덧붙인다. 그에 따르면 제논의 표현("일관된 방식으로 사는 것")은 일종의 "불완전한 술어"다. 우리는 이를 보충할 말을 덧붙여야 하는데, 그것이 제논의 정의에서는 함축적으로 있다는 것이다. 그러므로 제논의 경우처럼 더 이상 자신과의 조화는 문제되지 않는다. 반대로 자연과의 조화가 관건이 된다. 마지막으로 크뤼십포스는 목적이 "자연의 사건들에 대한 경험에 따라 사는 것"으로 이루어져 있다고 말함으로써, 목적을 기술하는 데 자연주의적 측면을 강조한다. 크뤼십포스가 보

---

72 위의 책, pp. 75, 11~76, 8(LS 63 B).

기에 자연은 더 이상 다소간의 규범적인 의미하에서만 문제가 되
는 것이 아니다. 오히려 세계의 사건들의 총체가 문제이며, 우리
는 이와 더불어 조화를 이루며 살아야 하는 것이다.

　　디오게네스 라에르티오스(『생애』 VII, 87~89 = LS 63 C)에 따르
면, 제논 자신은 이미 목적을 "자연과 조화를 이루는 삶"이라고
분명하게 정의했다. 또한 제논이 보기에 자연에 따르는 삶이란 덕
에 따르는 삶이었다. 만일 디오게네스 라에르티오스가 『인간의
본성에 관하여』라는 이름이 붙은 제논의 논고에 관한 구체적인
전거를 제시하지 않았더라면, 그의 진술은 스토바이오스의 것보
다 신빙성이 덜한 것처럼 보였을 수도 있다. 그렇지만 이 논고는
그의 증언을 입증해주는 듯하다. 클레안테스, 포세이도니오스,
헤카톤 역시 이 정의를 되풀이했을 것이다. 스토바이오스에게서
처럼, 크뤼십포스는 목적을 "자연적 사건들에 대한 경험에 따른
삶"이라고 정의했을 것이다. 여기서 문제가 되고 있는 자연은 공
통 본성, 즉 우주의 본성인 동시에, 인간에게 고유한 본성으로서
의 인간적 본성이기도 하다. 즉 인간의 이성적 본성이 이에 해당
되는데, 우리의 본성은 우주의 본성의 일부이기 때문이다. 따라
서 클레안테스와 크뤼십포스 사이에는 제논이 정식화한 "본성"이
라는 말의 의미에 대한 불일치가 있다고도 할 수 있다. 왜냐하면
클레안테스가 보기에 문제가 되는 것은 그저 공통 본성뿐이기

때문이다. 그런데 만일 제논이 보기에 자연에 따라 사는 것이 덕에 따라 사는 것과 같은 것이라면, 덕이 인간에게 고유한 것인 이상 제논에게 있어서 관건은 인간의 본성에 따라 사는 것처럼 보인다.

사실 아레이오스 디뒤모스와 디오게네스 라에르티오스의 버전 사이에는, 비록 그들이 클레안테스와 크뤼십포스의 정식에 부합한다고는 해도, 상당히 강한 불일치가 나타난다. 스토바이오스에 따르면, 제논의 정식은 클레안테스를 통해 완전하게 되며, 의미의 변화를 겪는다. 반면 디오게네스 라에르티오스에 따르면, 우리는 제논과 클레안테스에게서 같은 정식을 얻지만, 이 정식 역시 의미의 변화를 겪는다. 어쨌든 이 두 경우에서, 크뤼십포스는 목적이란 인간의 본성을 우주적 본성과 합일하는 것이라고 이해함으로써, 제논의 버전과 클레안테스의 버전 사이의 조화를 모색했던 것으로 보인다.

디오게네스 라에르티오스의 논의는 이를 제법 잘 설명해준다. 자연은 자연 속의 존재자들을 모두 지배하며, 모든 존재자에게는 자연과의 합일성이 존재한다. 이 합일성은 식물에게서 자생적으로 나타나는데, 식물은 오직 자연에 의해서만 지배받기 때문이다. 동물에게는 그들에게 적절한 것을 찾도록 추동해주는 표상과 충동이 자연에 더하여 주어진다. 따라서 동물은 그들의 충동에 따라 살아가게 된다. 이성적 존재들에게는 충동에 더하여 이성이 주어진다. 그리고 바로 그런 이유로, 인간에게 있어서, 자연에 따라 산다는 것은 곧 이성에 따라 사는 것 또는 덕에 따라 사는 것인바, 덕은 인간에게서 이성의 완벽함이라 하겠다.

마) 덕 사실 그리스어의 "덕arete" 개념이 갖고 있는 원래 의미에 따르면, "덕은 모든 사물에 있어서 하나의 완전함, 예를 들면 어떤 조각상이 지닌 완전함 같은 것을 뜻한다." 그러므로 마치 건강처럼 이론과 무관한 덕이 있는가 하면, 이론적인 덕도 있다. 윤리적인 덕은 "이론적"이거나 "과학적인" 덕으로서 이것들은 정리들théorèmes, 달리 말하면 앎들에 기반한다(『생애』 VII, 90). 사실 영혼의 덕이란 삶과 관계를 맺고 있는 "일종의 조화로운 상태"다.[73] 우리는 조화 개념을 목적에 관한 정의들 중 하나에서 다시 보게 된다. 그런데 인간에게 있어서, 이러한 영혼의 조화는 오직 그에게 적절한 것, 즉 이성으로부터만 귀결되는 것이다. 그런 이유로 인해 덕은 종종 "바른 이성"으로 묘사되기도 한다.[74] 즉 덕은 이성의 완전한 상태다. 그렇다면 덕은 하나의 과학이기도 하다. 왜냐

---

73 『생애』 VII, 89(LS 61 A); cf. 스토바이오스, 『선집』 II, 7, p. 60, 7∼8(SVF III, 262).

74 키케로, 『투스쿨룸 대화』 IV, 34; 세네카, 『편지』, 76, 10(LS 63 D).

하면 덕은 동요하지 않는 "이해"에 기반하고 있는데, 이 이해가 과학을 구성하기 때문이다.[75] 그렇지만 덕이 그저 이론적인 지식들로 그칠 수만은 없다. 덕을 갖춘 사람은 "이론가"인 동시에 "완수해야 할 행위의 실천가"이기도 하기 때문이다.[76] 덕은 마찬가지로 실행과 실천을 상정하며, 행위 안에서 비로소 실현된다. 또한 덕은 삶의 기술이기도 하며,[77] 그런 점에서 "삶에서 유용한 목표에 도달하기 위해 전방위적으로 수행되는" 이해들의 총체라 할 수 있다(LS 42 A). 그러므로 덕은 우리가 조화로운 방식으로 살아갈 수 있고, 우리 자신 및 우리 고유의 이성에 부합하게 살아갈 수 있도록 해주는 실행을 동반한 지식의 한 유형인 셈이다. 요컨대 스토아주의자들의 덕에 대한 이해는 지식 없는 덕이란 없다는 점에서 주지주의主知主義적이다. 다만 지식만으로는 충분하지 않은 셈이다.

이 주지주의적인 측면은 소크라테스의 유산에 속하는 것으로, 이는 아리스토텔레스가 『니코마코스 윤리학』(VI, 13, 1144b15~21)에서 묘사한 그대로다. 아리스토텔레스에 따르면, 소크라테스는

---

[75] 스토바이오스, 『선집』 II, 7, pp. 73, 19~21(LS 41 H).

[76] 『생애』 VII, 126.

[77] 스토바이오스, 『선집』 II, 7, pp. 66, 20~67, 1(LS 61 G).

"모든 덕이 실천적 지혜"라고 생각했다. 그는 소크라테스가 틀렸다고 보았다. 그렇지만 "덕들이 실천적 지혜 없이는 있을 수 없다고 주장한 점에서는 옳게 말했다"고 생각했다. 왜냐하면 아리스토텔레스가 보기에, 실천적 지혜는 지적인 덕으로서 "자연적인" 덕들을 "엄밀한 의미의" 덕으로 전화시켜주기 때문이다. 제논은 이러한 소크라테스식 논제를 아리스토텔레스가 소개했던 그대로 받아들인 듯한데, 이는 그가 "정의롭게 분배해야 하는 것 속에서 실천적 지혜를 정의하고, 절제 있게 선택해야 하는 것 속에서 실천적 지혜를 정의하며 또한 용감하게 하는 것 속에서 실천적 지혜를 정의할 때" 분명해진다.[78] 한편 아리스톤은 실천적 지혜만이 유일한 덕이며, 덕은 오직 그것이 적용되는 대상에 따라 달라질 뿐이라고 주장함으로써 이 주장을 극단적으로 전개한다.

그러나 크뤼십포스의 것임에 분명한 표준적인 학설에 따르면, 실천적 지혜는 그저 네 가지 주요 덕들 가운데 하나로서 정의, 용기, 절제의 곁에 자리할 뿐이다. "실천적 지혜란 해야 할 것과 해

---

78 플루타르코스, 『도덕론』, 2, 441 A(LS 61 B). 이와 비교할 만한 플루타르코스의 또 다른 텍스트로는 『스토아주의를 반박함』, 7, 1034 C(LS 61 C)이 있는데, 대부분의 편집본들에 따르면, 제논이 실천적 지혜를 그것의 일반적인 의미에서 특수한 실천적 지혜와 구분했을 것이라고 되어 있다. 그러나 이 구분은 근대 플루타르코스 편집자들이 첨가한 것이지 필사본에 있는 것이 아니다.

서는 안 되는 것들 그리고 이것도 저것도 아닌 것들에 대한 앎 혹
은 본성상 사회적 동물에게 있어서 좋은 것, 나쁜 것, 이것도 저
것도 아닌 것에 대한 앎이다. 절제란 선택해야 할 것과 조심해야
할 것 그리고 이것도 저것도 아닌 것에 대한 앎이다. 정의란 각자
에게 그 가치에 맞게 분배하는 것에 관한 앎이다. 용기는 두려워
할 만한 것과 그렇지 않은 것 그리고 이것도 저것도 아닌 것에 관
한 앎이다."[79] 덕들은 서로가 서로를 전제하며, 우리는 모든 덕
을 갖지 않고서는 어느 한 가지 덕도 가질 수 없다. 그러나 그렇
다고 해서 그것들이 단일한 덕인 것은 아니다. "그것들은 공통된
정리定理를 갖는다."(『생애』 VII, 125) 하지만 그것들의 정의가 보여
주듯이, 그것들은 또한 각자에게 고유한 정리들을 가져야 한다.[80]
이 덕들은 모두 앎으로서 정의된다. 또한 정의正義를 제외한 나머
지 덕들의 정의定義는 세 부분으로 이루어져 있다. 즉 그것들의 대
상은 반대자로의 나눔과 하위 나눔을 통해 획득되는 것이다. 그
리고 덕들에 대한 이러한 나눔은 플라톤의 "네 가지 주요 덕"[81]
에 관한 학설에서 영감을 얻은 것처럼 보이는바, 이것은 몇몇 증

---

79 스토바이오스, 『선집』 II, 7, p. 59, 4~11(LS 61 H); cf. 『생애』 VII, 92.

80 cf. 스토바이오스, 『선집』 II, 7, p. 63, 11 sq.(LS 61 D).

81 지혜, 용기, 절제, 그리고 정의를 말한다.―옮긴이

언 속에서 보고되고 있다.[82] 하지만 그럼에도, 심지어 크뤼십포스에게 있어서도, 실천적 지혜는 그것이 "좋은 것과 나쁜 것 그리고 이것도 저것도 아닌 것에 대한 앎"이라고 규정되는 한 다른 덕들보다 더 포괄적인 영향력을 갖고 있다. 그런 식으로 해서, 이는 다른 덕들에 대하여 제1의 조건으로 드러난다. 또한 아리스토텔레스에게 있어서 덕이 수행하는 역할과 같은 부류에 속하게 된다.[83] 실천적 지혜에 대한 스토아주의적 개념과, 일반적으로 말해, 덕에 대한 스토아주의자들의 이해는 그렇게 해서 삼중적인 유산의 계보에 놓이게 되는데, 그것들은 각각 덕을 앎과 동일시하는 소크라테스의 주지주의, 플라톤의 네 가지 주요 덕에 관한 이론, 아리스토텔레스주의에서 말하는 다른 덕들의 필수 조건으로서의 실천적 지혜다.

바) 의무 또는 "마땅한 것_kathêkon_**"** 만일 도덕적인 삶이 인간 행위의 목적이라면, 인간의 행위들은 그 자체로 이 목적에 맞게 조

---

82 플루타르코스, 『스토아주의를 반박함』, 7, 1034 C(LS 61 C). cf. 플라톤, 『법률』 XII, 964b; 『국가』 IV, 441c~442c(그러나 여기서는 지혜, 즉 _sophia_가 실천적 지혜를 대신한다).

83 그렇지만 우리는 스토바이오스가 "실천적 지혜는 의무와 관계한다"라고 말함으로써, 그에 의해 실천적 지혜의 역할이 한결 더 축소된 것에 주목하게 될 것이다.

정된다. 즉 목적이란 "모든 행위가 마땅하게 완수됨으로써 목표로 삼는 것"이다.[84] 디오게네스 라에르티오스에 따르면,[85] "우리는 어떤 것의 완수가 합리적인 정당성을 확보할 때, 그것을 '마땅한 것'이라 부른다. 예를 들어 삶 속에서의 일관된 행동이 그러하다. 이 마땅함은 식물은 물론 심지어 동물에까지 확대되는데, 우리는 그것들 안에서 마땅한 행위들을 보게 된다." 비록 이 용어가 종종 "의무"라는 용어로 번역되고, 근대적인 의무 개념의 기원이 되기는 하지만, 스토아주의자들의 "마땅함"(혹은 "마땅한 기능" 내지는 그냥 "기능")은 근대적인 의미의 의무보다 한결 더 유연하며 더 넓은 외연을 갖고 있다. 키케로는 이 말을 라틴어 "오피키움 *officicium*"으로 번역했다. 오피키움은 프랑스어 "오피스office"의 유래가 된 말로서, 오피스는 오랫동안 "의무"라는 뜻이었다가 오늘날에는 더 이상 이 의미로 사용되지 않는다. 스토아주의의 "마땅함"은 주어진 존재에 적절한 것이자 그 구성에도 마땅한 것이다. 또한 바로 그런 이유로 이것은 식물에게도 적용된다. 인간과 관련해서 관건은 "이성이 명령하는 대로 행하는 것"이다.[86] 왜냐하

---

84 스토바이오스, 『선집』 II, 7, p. 46, 5〜6(*SVF* III 2).
85 cf. 키케로, 『최고선악론』 III, 58; 스토바이오스, 『선집』 II, 7, pp. 85, 13〜86, 4(LS 59 B).
86 『생애』 VII, 107; cf. 스토바이오스, 『선집』 II, 7, pp. 85, 13〜86(LS 59 B).

면 이성은 인간의 구성에 마땅한 것이기 때문이다.

이 정의는 두 가지 요소를 포함하고 있다. 하나는 우리가 행위에 대하여 합리적인 정당화를 제공할 수 있다는 것이며, 다른 하나는 이 정당화가 삶 속에서 어떤 일관성 아래 놓인다는 것이다. 즉 이 정당화는 그렇게 행하는 이가 자기 자신과 일치할 수 있게 해주며, 본성 일반과 마찬가지로 자신의 고유한 본성과 일치할 수 있게 해준다. 마땅함이란 따라서 본성에 부합하는 것 혹은 합리적으로 그렇다고 평가할 수 있는 것이다. "합리적인" 정당화에 속한다고 해서 그것이 범접할 수 없는 이성적인 요구 아래 놓이는 일은 없다. 모든 상황 속에서 마땅한 의무는 많이 있다. 예컨대 부모 형제와 조국을 명예롭게 하는 일이라든가, 친구들을 구하는 것 등이 그러하다. 그리고 이에 반대되는 행위들은 결코 마땅한 것이 아니다. 그러나 특정한 경우에는 적절한 반면, 다른 경우에는 적절하지 않은 행위도 많다. 이와 같은 불일치가 나타나는 이유는 의무가 선험적인 이성 안에서 그 기원을 찾을 수 있는 어떤 보편적인 도덕 법칙이 아니라, 자연에 속하는 어떤 것이기 때문이다. 우리는 상황이 어떻든 간에 자신의 건강을 돌봐야 한다. 하지만 몸 전체의 손상을 피하는 일이 일반적으로 적절한 것인 반면, 목숨을 구하기 위해 신체 일부의 절단을 받아들이는 것이 적절할 때도 있다. 특히나 바로 이로부터 의무와 스토아적인 결의론決疑論 사이의 갈등이 유래한 것이다.

적절한 것들 중에서 어떤 것들은 완전하며, 이른바 "바른 행위들"로서 덕과 함께 완수되는 행위다. 예를 들어 신중하게 행동하거나 정의롭게 행동하는 것이 그렇다.[87] 달리 말하면, 행위가 "바른 것"이 되기 위해서는 덕이 그 행위의 동력이 되어야 하는 것이다.

우리는 관심을 갖고서든 아니면 본능에 의해서든 언제든지 몇몇 적절한 것들을 완수할 수 있다. 그럴 경우, 합리적인 정당화를 부여하는 것이 가능하다. 그러나 완수된 행위가 완전한 행위를 형성하는 것은 아니다. 적절한 것이 반드시 덕과 관계를 맺을 필요가 없다는 사실은 분명하다. 왜냐하면 엄밀한 의미에서 덕을 갖고 있지 않은 동물이나 식물에게도 적절한 것은 있기 때문이다. 그렇기 때문에 적절한 것을 규정함으로써 하나의 외적인 정당화를 구성하게 된다. 즉 적절한 것은 그 동기가 무엇이든 간에 그것을 완수함으로써 합리적으로 정당화를 제공할 수 있다. 완전한 행위를 가늠해주는 것은 행위가 덕에 의해서 동기부여된다는 데서 기인한다. 반면에 단순히 적절한 것은 그저 객관적인 방식으

---

87 스토바이오스, 『선집』 II, 7, pp. 85, 20〜86, 1(LS 59 B); 같은 책, pp. 96, 18〜97, 14(LS 59 M).

로 정의될 뿐이다.

몇몇 현대 해석가들은 스토아주의자들에게 두 가지 도덕이 있다고 주장했다. 하나는 평범한 인간이 지닌 도덕이고, 다른 하나는 현자가 행하는 완벽한 의무에서 비롯되는 도덕이다. 결국 우리는 도덕을 둘로, 즉 의무에서 비롯되는 것과 덕에서 비롯되는 것으로 나눌 수 있을 것이다. 그러나 현자의 완벽한 의무란 모두 똑같은 의무들이다. 그리고 그것들을 구별하는 것은 행위의 내용 자체가 아니라, 그것이 덕에 의해 완수된다는 사실이다. 사람들이 한편으로는 "결혼을 하거나" "사절단이 되거나" 혹은 "대화를 하는 것"처럼 이른바 "중개적"이라고 부르는 일상적인 의무가 존재한다고 느끼는 반면, 다른 한편으로는 현자의 "완벽한 의무들"도 존재한다고 느끼는 것은 맞다.[88] 그러나 실제로는 행위가 덕과 함께 이루어질 경우, 동일한 행위들이 완벽한 의무가 된다. "부모를 공경하는 것은 덕이 있는 사람이나 없는 사람 모두에게 공통된 것이지만, 사려 깊게 부모를 공경하는 것은 현자에게 어울리는 것이다."[89] 적절한 것과 덕은 현자의 모습 속에서 서로 일치하며 함께 완성된다. 현자야말로 모든 것을 완벽하게 완수할 수 있

---

88 스토바이오스, 『선집』 II, 7, pp. 85, 13~86, 4(LS 59 B).
89 『반박』 XI, 200(LS 59 G).

는 유일한 사람인 셈이다.

사) 정념들　각각의 덕은 특화된 대상을 갖는다. 그래서 신중함이 특별히 의무들과 관련되어 있다면, 절제는 특별히 충동들과 관련되어 있다. "신중함은 의무들과 관련되어 있다. 반면에 절제는 인간의 충동들에 관계한다. 용기는 버텨야 할 것들에 관여하며, 정의는 분배에 관여한다."[90] 정념이 "비이성적이고 본성에 반하는 영혼의 운동"이자 "지나친 충동"이거니와(『생애』 VII, 110), 무절제야말로 모든 정념의 원천인 셈이다.[91]

　스토아주의자들에 따르면 정념은 판단의 오류이거나 판단의 오류에서 기인하는 것이다.[92] 플라톤과 아리스토텔레스와는 반대로, 그들은 정념을 야기할 수 있는 영혼의 비이성적인 부분이란 존재하지 않는다고 생각했다.[93] "옛사람들이 정념은 본래적이며 이성과는 아무런 관계도 없는 것이라 생각하고, 욕망을 영혼

---

90 스토바이오스, 『선집』 II, 7, p. 60, 12~15(LS 61 H).

91 키케로, 『투스쿨룸 대화』 IV, 22~23; 『아카데미카 후서』 I, 39.

92 갈레누스의 말을 믿는다면, 스토아주의자들은 이 두 주장 가운데 어떤 것을 취해야 할지 주저했던 듯하다. 갈레누스, 『히포크라테스와 플라톤의 학설에 관하여』, IV, 3, 2~5(LS 65 K).

93 키케로, 『아카데미카 후서』 I, 39.

의 한 부분으로 놓고 이성은 다른 부분으로 놓았던 것과 달리,[94] 제논은 이러한 생각에 동의하지 않았다. 왜냐하면 그는 정념들이 자발적이고, 의견의 판단을 통해 허용되는 것이며, 무절제야말로 일체의 제약들을 위반하는 것으로서 모든 정념의 어머니라고 생각했기 때문이다." 제논에 선행했던 사람들이 생각하기에, 비이성적인 부분들은 이성에 반하여 작용하며 정념들의 원인이 되고, 특히나 사람들이 "아크라시아*akrasia*"(나약함 또는 의지박약)라고 부르는 현상의 원인이 된다. 이는 나쁜 것을 뻔히 보고 있음에도 불구하고 그것에 의해 지배됨을 뜻한다.(정념에 빠진 상태에서 이성적인 부분은 자기도 모르는 사이에 비이성적인 부분에 의해 지배당할 수 있다. 그러나 아크라시아 상태에서는 이성적 부분이 지배당하고 있음을 의식한다.)

스토아주의자들에게 있어서 이성은 영혼 안에 위치한 개념들의 총체다. 또한 영혼 안에는 비이성적인 부분이 없다. 만일 있었다면 그것이 정념의 원인이 되었을 테니 말이다. 따라서 "정념들은 왜곡된 의견들과 판단들이다."[95] 동시에 정념들은 그저 왜곡된 판단으로 이루어질 뿐만 아니라, 정념들에 수반되는 충동으

---

94 특히나 플라톤, 『티마이오스』, 69a~72b; 『파이드로스』, 253c~254e.
95 플루타르코스, 『도덕적 탁월함에 관하여』, 3, 446 F(*SVF* III, 459).

로도 이루어져 있다. 모든 충동 안에는 사실 세 가지 현상이 결합되어 있다. 어떤 것이 좋거나 적절하다는 표상, 이 표상에 대한 동의 그리고 그로부터 귀결되는 충동. "내가 걷는 것이 적절하다. 나는 내가 그렇게 말하고 그 의견에 동의를 표할 때만 걸을 것이다."[96] 그래서 어떤 표상이 감정을 촉발시킬 수 있을 때마다 그로부터 통제할 수 없는 반작용이 귀결된다.(예컨대 창백해진다거나 심장박동이 빨라진다거나) 그러나 이 현상이 정념을 구성하지는 않는다. 정념은 첫 번째 운동 및 그 운동에 동반되는 표상에 대해 우리가 비이성적인 방식으로 자신의 동의를 표할 때 발생하며, 또한 우리가 그 충동에 대한 통제력을 상실할 때 발생하는 것이다.[97] 그렇기 때문에 정념은 단지 판단이나 의견(즉 동의)으로만 정의되는 것이 아니라 "고삐 풀린 충동"[98]과 같은 것으로도 정의되며, 크뤼십포스는 이를 도약할 때 흥분하는 육상 선수에 비교하기도 했다.[99] 그렇게 해서 정념을 구성했던 판단이 사라졌을 때에도 정념은 지속할 수 있다는 것이 설명된다. 스토아주의자들은 정념

---

96 세네카, 『편지』, 113, 18(*SVF* III, 169).

97 세네카, 『화에 관하여』 II, 3~4.

98 키케로, 『투스쿨룸 대화』 IV, 11; 갈레누스, 『히포크라테스와 플라톤의 학설에 관하여』 IV, 2, 10(LS 65 I).

99 갈레누스, 『히포크라테스와 플라톤의 학설에 관하여』 IV, 2, 10~18(LS 65 I).

들에 대한 치료술을 시행하곤 했는데, 그것은 무엇보다도 정념의 대상이 좋은 것도 나쁜 것도 아니라는 점을 보여줌으로써 정념들을 다스리도록 노력하는 것이었다. 그러나 설령 우리가 그것에 대해 이성적으로 확신을 갖는다 해도, 생리적인 현상은 판단보다 더 오래 지속한다. 판단력을 회복함으로써 우리는 정념의 원인을 제거할 수는 있지만, 정념을 즉각적으로 제거하지는 못한다. 그런 의미에서 스토아주의자들의 정념에 대한 관념은 사람들이 말하는 것보다 훨씬 덜 지적이거나 덜 파악적인 성격을 띤다. 게다가 그런 성격은 충동들이 생리적으로 느껴지는 만큼 그 이상으로 그러하다. 왜냐하면 우리는 (영혼의 자리이기도 한) 심장의 팽창

표 2. 충동들

	실천적이지 않은 충동 (현재의 대상)		실천적인 충동 (미래의 대상)	
	눈앞의 좋은 것을 향한 충동 영혼의 팽창 *eparsis*	눈앞의 나쁜 것에 대한 거부감 영혼의 수축 *sustolê*	눈앞의 좋은 것을 향한 충동 영혼의 욕구 *orexis*	눈앞의 나쁜 것에 대한 거부감 거부 운동 *ekklisis*
좋은 상태들	기쁨 *charia*		의지 *boulêsis*	두려움 신중함 *eulabeia*
정념들	쾌락 *hêdonê*	고통 *lupê*	욕망 *epithumia*	공포 *phobos*

이나 수축을 느낄 수 있기 때문이다.

그와 반대로, 판단들이 올바르고 충동들이 통제된다면, 이는 "이성적인" 충동들이며, "좋은 상태들eupatheiai"이라고 불린다. 스토아주의자들은 모든 정념을 없애기를 원하지만, 모든 상태를 제거하지는 않는다. 왜냐하면 그들은 좋은 상태들을 일종의 재산으로 간주하기 때문이다. 그런 식으로 해서, 근본적인 정념에는 네 가지가 있는 반면, 근본적으로 이성적인 상태에는 세 가지만 존재한다. "현전하는 학은 현자에게 영향을 끼치지 않기 때문이다." (키케로, 『투스쿨룸 대화』 IV, 14)

아) 현자와 도시 덕을 지식과 동일시하는 것 그리고 덕들이 서로 관계를 맺고 있어서 하나의 덕을 가진 사람은 모든 덕을 갖게 된다는 주장(『생애』 VII, 125)은 덕을 통해 영혼의 상태를 구성한다는 뜻으로서, 그러한 상태에 도달하기란 지극히 어려우며 오직 현자에게만 약속될 뿐이다. 이로부터 귀결되는 결론은 두 가지다. 우선 현자들은 "불사조보다 드물 정도로"[100] 그 수가 매우 적다. 다음으로 현자가 아닌 모든 사람은, 설령 덕을 향해 진보해 나간다 하더라도, 여전히 "어리석은phaulos" 상태다.(이 말은 기존에

---

[100] 알렉산드로스 아프로디시아, 『운명론』, 28(LS 61 N).

종종 번역해온 "무분별한" 사람을 의미할 뿐만 아니라, 거의 "무가치한" 사람을 뜻한다.) 왜냐하면 덕과 악덕 사이에는 중간이 없기 때문이다.[101] 그렇게 해서 스토아주의자들은 덕을 향해 진보해간다는 사람들에 맞서 완강한 입장을 취했던 것처럼 보인다. 왜냐하면 진보해가는 사람들도 아무런 진보를 보이지 않는 사람들만큼이나 나쁘고 불행하기 때문이다. 그럼에도 제논뿐만 아니라 클레안테스와 크뤼십포스 역시 그들 자신을 불행한 사람들의 무리에 포함시켰으며,[102] 진보가 선호할 만한 것이라고 생각했다(『생애』 VII, 106).

현자에 대한 이런 완벽주의, 즉 현자만이 유일하게 도덕적이며 모든 것을 완벽하게 수행할 수 있다는 생각으로부터 "현자의 역설"이라는 일련의 모든 논리가 도출된다. 이에 따르면 현자만이 유일한 자유인이고 유일한 왕이며 유일한 관리이자 유일한 판관이요, 유일한 연설가일 뿐만 아니라 유일한 장군이면서 유일한 경제인이다.[103]

이상적으로 말해, 결국 현자는 오직 현자의 동포가 될 수 있

---

101 『생애』 VII, 127: 플루타르코스, 『스토아주의를 반박함』, 1063 A−B(LS 61 T).
102 『반박』 VII, 433(*SVF* III, 657).
103 스토바이오스, 『선집』 II, 7, pp. 99, 3∼100, 7(*SVF* I, 216).

을 뿐이다. 제논과 그의 계승자들 역시 그렇게 우정으로 결연을 맺은 현자들의 도시를 묘사한다. 그곳에서는 친구들 사이에 모든 것이 공유되고, 따라서 돈은 물론 법정도 존재하지 않는다. 반면에 그곳에서는 여성과 아이들 또한 모두가 공유한다(『생애』 VII, 32~34; 131). 그러나 현실에서 실제로 그런 도시를 건설하기에는 현자들이 충분하지 않다. 따라서 우리는 제논이 추천하는 체제가 대체 어떤 가치를 가지고 있는지 물어볼 수 있을 것이다. 게다가 제논과 그의 계승자들은, 비록 그 원리들을 충실하게 지지한다고는 해도, 정작 철학자들이 가정을 꾸려야 하며, 불완전한 도시에 참여해야 한다는 생각을 받아들이는 것처럼 보인다. 그들은 거기서 삶을 이어나가는데, 왜냐하면 "그는 악덕을 억누르고 덕을 장려할 것이기 때문이다."(『생애』 VII, 121) 하지만 우리가 크뤼십포스의 주장에 따라, 현자들의 도시는 인간과 신이 공존하는 세계이고 이 도시에서 현자는 그들 도시의 규칙에 따라 살지만, 우리가 사는 도시의 법을 받아들인다고 가정한다면, 그 두 가지가 양립 불가능한 것만은 아닐 것이다.[104]

---

[104] M. Schofield, *The Stoic Idea of the City*, Cambridge, 1991을 보라.

자 연 학

—

가) 자연학의 구분 디오게네스 라에르티오스(『생애』 VII, 132)는 자연학을 두 가지로 구분하는 것에 관해 이야기한다. 그에 따르면, 1) 하나는 "종적인"(특수한) 구분으로서 이것은 (i) 물체들, (ii) 원리들, (iii) 원소들, (iv) 신들, (v) 한계들, 장소 및 허공의 다섯 가지 "토포스"로 이루어져 있다. 반면에 2) 다른 하나는 "유적인"(일반적인) 구분으로서 (i) 세계, (ii) 원소들, (iii) 원인론의 세 부분으로 이루어져 있다. 롱과 세들리(LS II, 267)에 따르면, "종적인 구분"은 이른바 "제1철학"에 대응되는 반면, 유적인 구분은 "현전하는 그대로의 세계" 속에 들어 있는 "자연 현상들을 설명한다." 실제로 근본적인 자연학의 문제들과 구체적인 자연 현상에 관한 기술 간의 구별은 제논에까지 거슬러 올라가는 것처럼 보인다. 그의 논고인 『실체에 관하여』는 원리들과 원소들을 다루었던 반면(『생애』 VII, 134), 그의 또 다른 논고인 『전체(우주)에 관하여』는 이 세계의 구성과 형성에 관한 우주론적인 물음들을 다루었던 것으로 보인다.[105]

---

105 cf. 『생애』 VII, 135~136; 142~143; 145~146; 153~154.

그럼에도 우리는 자연학의 종적인 구분이 "제1철학"보다는 근본적인 자연학에 더 많이 속한다는 사실에 주목하게 된다. 엄밀히 말해 스토아주의자들에게는 "존재로서의 존재"를 다루는 어떤 보편 과학 내지는 "존재론"이란 것이 없다. 왜냐하면 존재는 최고류가 아니고, 존재론은 그저 자연학의 한 부분일 뿐이기 때문이다. 신학에 관해 말하자면(신학은 아리스토텔레스에게 있어 고유한 대상을 지닌 형이상학의 한 형식으로서, 나중에 사람들이 "특수 형이상학"이라고 부르게 될 것이었다), 그것은 제1과학으로서가 아니라 자연학의 궁극적인 부분으로서 분명하게 소개되고 있다. 이는 크뤼십포스에 따르면 마지막에 나타나야 하는 것이며,[106] 결국 자연학 너머*méta-physique*에는 아무것도 없는 것이라 하겠다.

사실 이 견해는 디오게네스 라에르티오스가 보고하고 있는 구분과는 잘 맞지 않는다. 거기서는 신학이 다른 것들과 함께 하나의 "토포스"에 지나지 않는다. 윤리학의 경우와 마찬가지로, 디오게네스 라에르티오스 자신의 설명은, 비록 원리들에 관한 물음을 통해 논의를 시작함에도 불구하고, 전혀 다른 질서에 따라 진행된다.

---

106 플루타르코스, 『스토아주의를 반박함』, 9, 1035 A-B(LS 26 C).

나) 유類들: 물체들, 비물체적인 것들, 존재의 유들 스토아 자연학은 "유들"에 관하여 두 가지 설명을 취하는데, 하나는 "최고류"에 관한 물음이요, 다른 하나는 "존재의 유" 또는 "범주들"에 관한 물음이다. 스토아 체계 안에서 이 두 물음이 갖는 위치는 디오게네스 라에르티오스도 침묵하고 지나가는 문제인 만큼 규정하기가 지극히 어렵다. 우리가 지닌 원천들 가운데 가장 일차적인 것에 속하는 세네카의 『편지』(58, 15 = LS 27 A)에 따르면, 거기서 관건이 되는 것은 "자연에 속하는 것"과 관련된 학설이다. 따라서 그 자리는 자연학과 관련된 것이라 하겠다.

이 『편지』(58)에는 "최고류"에 관한 논의를 비롯하여, 플라톤과 아리스토텔레스 그리고 스토아주의자들의 학설이 지닌 차이에 관한 긴 논의가 담겨 있다. 아리스토텔레스의 경우와 마찬가지로, 플라톤에게 있어서 최고류는 "있는 것_quod est_"이다. 이와 달리 스토아주의자들에게는 존재보다 더 일반적인 유類가 있는데, 그것은 바로 "어떤 것_quid_"(그리스어로는 _ti_)이다. 또 다른 진술에 따르면,[107] 이 유는 있는 것_to on_(즉 물체들)과 있지 않은 것, 즉 비물체적인 것을 종으로서 갖는다. 그러나 세네카는 그 자신도 어떤 것

---

[107] 알렉산드로스 아프로디시아, 『아리스토텔레스의 「토피카」 주석』, 301, 19~25(LS 27 B); 『반박』 X, 218(LS 27 D).

을 있는 것과 있지 않은 것으로 구분했음에도 불구하고, 그것들
에 대해 다른 내용을 부여한다. 그에 따르면 있지 않은 것이란 이
를테면 켄타우로스나 거인과 같은 상상적인 피조물들이기 때문
이다.(아래 도식 7을 보라.)

세네카의 구분은 다른 진술들과는 화해하기가 어려운데, 그
이유는 다른 곳에서는 상상적인 피조물들이 비존재의 결과가 아
니라 상상력이 허공으로 운동한 결과라고 묘사하기 때문이다.[108]
따라서 다음과 같은 구분이 한결 더 개연적이라 할 수 있다.[109]

디오게네스 라에르티오스에 따르면(VII, 135), "아폴로도로스
가 『자연학』에서 말하듯이, 물체는 3차원의 연장, 즉 가로, 세로,
깊이를 가진 것이다." 한편 제논에 관한 키케로의 진술(『아카데미

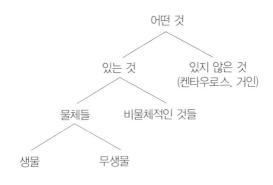

도식 7. 세네카에 따른 최고류의 구분

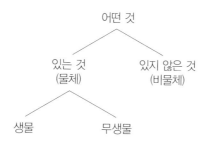

어떤 것

있는 것
(물체)

있지 않은 것
(비물체)

생물

무생물

도식 8. 스토아주의자들의 전통적인 구분

카 후서』 I, 39)에서는 물체를 "작용하는 것 혹은 겪는 것"이라 규정함으로써 한결 더 일반적인 정의를 제시하고 있다. 그것은 물체에 대한 한결 더 일반적인 정의일까, 아니면 물체의 속성일까? 예를 들어, 에피쿠로스주의자인 루크레티우스에 따르면, "무엇이든 몸이 없다면, 무엇인가를 행할 수도 겪을 수도 없다."(I, 443) 따라서 몸을 지녔다는 것은 행하거나 겪을 수 있는 조건처럼 보인다. 이와 달리 섹스투스의 경우(『개요』 III, 38~39), 그는 물체에 관

---

108 본문 41~42쪽을 보라. 롱과 세들리(LS vol. II p. 20)는 "허구적인 존재자들"을 물체적이지도 비물체적이지도 않은 것으로 이해하자고 제안한다.

109 그런데 여기서 주의해야 할 것은 이 도식이 돌멩이에서 시작하여 식물과 이성 없는 동물을 거쳐 이성적 동물에 이르는, 이른바 존재의 위계질서에 따른 서열을 고려한 것은 아니라는 점이다(본문 114~115쪽을 보라).

해 서로 다른 두 가지 이해 방식이 있는 것으로 생각했던 듯하다. 사실, 이 논의와 관련된 모든 용어는 플라톤의 『소피스트』에 들어 있는 한 대목(247d-e)에서 비롯된 것이다. 거기서 작용하거나 겪는 능력은 물체의 속성이 아니라 "존재"의 속성이다. 그것이 물체적이냐 비물체적이냐 하는 것은 문제가 되지 않는다. 그러므로 제논은 이 논제에 대해 명백하게 반대 입장을 취했던 셈이다. 그런데 키케로는 물체를 행하거나 겪는 것으로 이해하는 것은 영혼의 비물체성에 맞서는 것으로서 반플라톤주의적 입장이라고 소개한다. 반면에 디오게네스 라에르티오스에 의하면, 물체의 삼차원적 정의는 입체에 대한 정의이며 일련의 기하학적 정의들(점, 선, 면)에 속하는 것이다. 그 밖에 삼차원적 성질은 허공이나 장소 같이 비물체적인 것들에도 속하는 듯 보이는데,[110] 이 경우에 다른 기하학적인 존재자들과 관계를 맺지 않고서는 물체를 정의할 수 없다. 요컨대 물체를 구별하기 위해서, 스토아주의자들은 삼차원적 성질에다가 다른 부가적인 속성인 "저항"[111]을 추가하거나, 아니면 행하거나 겪는 능력을 통해 자연의 물체를 규정해야 했던 것이다.

---

110 갈레누스, 『비물체적 성질들에 관하여』, p. 464, 10~14(LS 49 E).
111 갈레누스, 『비물체적 성질들에 관하여』, p. 483, 13~16(LS 49 F).

사실 비물체적인 것들은 삼차원적이지 않다고 묘사되는 것이 아니라, 행하거나 겪을 수 없는 것이라고 묘사된다.[112] 그것들은 언표 가능한 것, 허공 그리고 장소와 시간이다.[113] 변증술의 대상 가운데 하나이지만 원인론에서도 일정한 역할을 수행하는 언표 가능한 것,[114] 그리고 시간, 이 둘을 제외하고 나머지 것들은 자연학의 종적 구분에서 마지막 항목의 대상들이다.[115] 섹스투스에 따르면(『반박』 X, 3~4 = LS 49 B), 허공이란 물체에 의해 점유될 수 있지만 그렇지 않은 것을 뜻하는 반면, 장소란 물체에 의해 점유된 것이자 점유하고 있는 것과 동등한 것이다. 장소는 어떤 의미에서 점유된 허공이다. 그러나 에피쿠로스주의자들의 경우와 마찬가지로, 스토아주의자들이 보기에 허공은 세계의 바깥에 존재할 뿐, 이 세계 안에는 존재하지 않는다. 허공과 장소는 밀접하게 서로 연결되어 있으며, 그런 식으로 물체 개념과도 연결되어 있다. 즉 허공은 종종 물체 없는 연장으로서 물체와 대립적이라고 규정된다는 점에서 그러하며, 반면에 장소는 물체를 포함한 것으

---

112 『반박』 VIII, 263(LS 45 B).

113 『반박』 X, 218(LS 27 D).

114 본문 50~56쪽과 120~121쪽을 보라.

115 즉 한계들, 장소 및 허공. 본문 97쪽을 보라.―옮긴이

로서 삼차원으로 펼쳐져 있지만 저항을 산출하지는 않는다는 점
에서 그러하다.

한편 시간은 분명히 삼차원으로 펼쳐져 있지 않다. 반대로 그
것은 "운동의 차원" 또는 "세계 운동의 차원"이라고 정의된다.[116]
따라서 이상의 세 개념은 때로는 "차원" 개념, 때로는 "저항" 개
념과 밀접하게 연결되어 있는 셈이다. 이 사실로부터 비물체적인
것들은 비존재로 드러날 수밖에 없다. 즉 그것들은 물체들과 동
등한 존재론적 차원에 있는 것이 아니다.

"존재의 유類" 혹은 "범주들"이라고 불리는 이 학설은 본질에
있어서 물체들과 관련된 것처럼 보인다. 그 이론은 디오게네스 라
에르티오스에는 나오지 않고, 우리가 갖고 있는 자료들 중에는
플로티누스의 유類에 관한 논고들(『논고』 42~44 = 『엔네아데스』 VI,
1~3), 그리고 아리스토텔레스의 『범주론』에 대한 신플라톤주의자
들의 주석서들 안에서 제시되고 있을 뿐이다. 실제로 스토아주의
자들이 이 학설을 어떤 이름으로 불렀는지도 말하기가 어려울뿐
더러, 심지어 어느 시기에 그것이 나타났는지 말하는 것조차 쉽
지 않다. 플로티누스는 스토아주의자들의 이 "유들"을 아리스토

---

116 스토바이오스 『선집』 I, 8, pp. 104, 6~107, 7(SVF I, 93 + II, 509; 그 일부가 LS 51 B
에 수록됨).

텔레스의 "범주들"[117] 및 플라톤의 『소피스트』에 나오는 다섯 가지 "최고류"[118]와 대립시킨다. 그는 『엔네아데스』(VI, 1 [42], 25)[119]에서 스토아주의자들이 "유"를 네 가지, 즉 "기체" "그러한 것" (혹은 "규정된 것") "일정한 방식으로 있는 것" "어떤 것과 관계하여 특정한 방식으로 있는 것"으로 구분했다고 말한다. 의심의 여지 없이 중요한 점은 범주들에 관해 스토아주의자들이 쓴 최초의 작품이, 지금은 소실되었지만, 아테노도로스의 『아리스토텔레스의 「범주론」에 반대하여』라는 제목의 논고라는 사실이다.[120] 왜냐하면 이는 아리스토텔레스의 『범주론』이 재발견되고 논의되던 시기에, 스토아주의자들이 자기들의 네 가지 "유"를 아리스토텔레스의 "10범주들"에 대한 축소 내지는 대안으로서 분명하게 제시했다고 해석할 만한 개연성 높은 징표이기 때문이다.

　(1) 기체는 두 가지 의미를 갖는다.[121] (ㄱ) 성질이 없는 질료, 즉 제1질료이거나, (ㄴ) 공통적인 방식으로 규정되거나(예컨대 청동),

---

117 실체, 양, 질, 관계, 장소, 시간, 능동, 수동, 소유, 자세(위치).—옮긴이

118 존재, 동일자, 타자, 운동, 정지.—옮긴이

119 *SVF* II, 371; cf. 심플리키우스, 『아리스토텔레스의 「범주론」 주석』, pp. 66, 32~67, 2(LS 27 F).

120 위의 책, pp. 62, 25~26; cf. 포르퓌리오스, 『아리스토텔레스의 「범주론」 주석』, p. 86, 23.

121 심플리키우스, 위의 책, p. 48, 11~16(LS 28 E).

아니면 특수한 방식으로 규정된 것(예컨대 소크라테스). (2) "이러이 러한" 혹은 "어떤 (성질)"은 세 가지 의미를 갖는다. (ㄱ) 구별되는 모든 것, 예를 들어 주먹을 뻗은 사람, 신중한 사람 혹은 뛰는 사람. (ㄴ) 고정된 상태로 있으며 구별되는 것, 예를 들어 주먹을 뻗은 사람, 신중한 사람. (ㄷ) 특수한 의미로서 규정된 자, 예를 들어 신중한 사람. 첫 번째 의미에서는, 지속적이든 아니든, 모든 구별을 받아들이는 것은 규정된 것이다. 두 번째 의미에서는, 어떤 고정된 상태에 대응하는 것만이, 설령 그것이 영속적이거나 지속하는 것이 아니라 하더라도, 규정된 것이다. 반면에 오직 세 번째 의미만이 성질, 즉 그것의 두 번째 가운데 기체의 안정된 상태에 대응하는 것이다. 왜냐하면 그 예는 신중한 자의 상태에 해당되는 것으로서, 그는 상실할 수 없는 덕을 가진 자이기 때문이다. (3) 어떤 상태에 놓인 것*pôs echon*(상태)은 두 번째와 세 번째 의미에서의 규정된 것에 해당된다. 왜냐하면 그 예로서 주먹이란 손이 특정한 방식으로 있는 것을 말하며, 지식이란 영혼이 특정한 방식으로 있는 것을 말하기 때문이다.[122] (4) 무엇인가에 대해 어떤 상태에 놓인 것*pros ti pôs echon*(관계)은 어떤 것이 내적인 변화

---

[122] 『개요』 II, 81(LS 33 P).

없이 존재하되, 외부의 무엇인가와의 관계하에 존재하는 것을 말한다. 예를 들어 (누군가의) 아들 혹은 (내) 오른편에 있는 사람이 이에 해당된다.[123] 부드러운 맛이나 쓴맛처럼 내적인 수정을 겪는 것들과 달리, 오른편에 서 있는 사람이나 아들은 그들 안에 변화를 겪는 어떠한 내적인 것도 없이 그 자체로 있는 것들이다. 뒤의 세 가지 "유"는 첫 번째 유에 작용을 가할 수 있는 차이들에 대해 기술하고 있다. 그 차이들은 내적이거나(두 번째와 세 번째 유), 아니면 외적이다(네 번째 유). 안정적인 차이는 성질(신중함, 청동으로 되어 있음)에 의해 발생하며, 영속적이지 않은 차이는 성질 변화 없이 단순한 상태의 수정에 기반한다.

몇몇 해석자들은 담론의 부분들과 "범주들" 사이에는 어떤 대응관계가 있을 것이라고 생각한다.[124] 즉 담론의 각 부분마다 특정한 범주가 대응된다는 것이다. 그러나 이러한 해석의 체계는 우리가 지닌 자료들이 말해주는 것과 일치하지 않는다. 예컨대 "어떤 상태에 놓임"의 경우, 이 해석대로라면 동사의 의미 내용이 되어야 했겠지만, 정작 여기에 제시된 모든 예는 이름과 관련된

---

123 심플리키우스, 위의 책, p. 166, 15~29(LS 29 C).

124 무엇보다도 A. Graeser, "The Stoic Categories," in J. Brunchwig(ed.), *Les Stoiciens et leur logique*, Paris, 1978, pp. 199~222. 문장의 부분에 관해서는 본문 51~52쪽을 보라.

예들이기 때문이다. 그러므로 그것들은 자연학적 범주들이지만, 물리적으로 구별되는 존재자들인 것은 아니다. 그것들은 기체들의 다양한 측면이기 때문이다. 따라서 그것들은 유들이긴 하되, 물체와 비물체가 서로 배타적으로 유라는 의미에서라거나 또는 물체와 생명체(움직이는 물체)가 유와 그에 속하는 종이라는 의미에서 유들인 것은 아니다. 오히려 그 "유들"은 다양한 성질들이거나, 혹은 같은 기체에 대하여 다양한 수준에서 작용을 가할 수 있는 변형들이라 할 수 있다.

다) 원리들과 원소들 디오게네스 라에르티오스의 보고에 따르면 (VII, 134), 원리들에는 두 가지가 있다. 하나는 능동적 혹은 제작적 원리로서 신이나 이성이 이에 해당된다. 다른 하나는 수동적 원리로서 제작적 원리의 작용을 받아들이는 것이다. 능동적 원리는 질료의 내부에 작용을 가한다. 그것은 "데미우르고스적인" 활동, 그러니까 마치 장인처럼(그리스어로 "데미우르고스"는 장인이다) 재료를 변화시키는 활동을 한다. 이것은 플라톤의 『티마이오스』에서 신적인 장인이 하는 일과 같다. 그러나 플라톤에게 있어서는, 다음의 세 가지를 구분할 필요가 있다. (i) "수용자"에 변화를 가하는 데미우르고스, (ii) 수용자(여기서는 질료에 해당된다), (iii) 변화의 본보기가 되는 가지적可知的인 모델(이데아). 반면에 스토아

주의자들에게 있어서는 데미우르고스가 내재해 있다. 그리고 가지적인 모델도 존재하지 않는다. 능동 원리는 생물학적 원리이며, 이는 물체 안에 있다. 그것은 이성인 동시에 씨앗으로서 "정자精子적 이성"을 구성하는 것이다. 수동 원리는 제1질료, 다시 말해 아무런 성질도 갖고 있지 않은 기체를 의미한다.(이것은 『범주론』에서 기체가 지닌 의미들 중 하나에 대응되는 것이다.)

따라서 대다수의 소크라테스 이전 철학자들에게 해당되는 것과는 반대로, 원리들은 (공기, 물, 불, 흙과 같은) 원소가 아니다. 설령 그것들 중 어떤 원소들은 수동적이고(예컨대 물과 흙), 어떤 것들은 능동적(예컨대 불과 공기)이라고는 해도, 스토아주의자들의 원리는 그것들과는 분명하게 구별된다.[125] 사실 원리는 생겨나지 않고 소멸되지도 않으며 형태를 갖고 있지도 않다. 반면에 원소들은 생겨나는가 하면, 난리통에 파괴되기도 하고, 일정한 형태를 갖는다. 유일한 공통점은 그것들 모두 물체라는 것이다. 사실 원리들도 물체의 이러한 특성, 즉 어떤 결과를 산출하거나 그것을 겪는 특성을 갖는다. 단, 원리들의 경우, 이 특성들이 배타적이라는 점에서 다르다. 즉 하나는 능동적일 뿐이고, 다른 하나는 수

---

125 네메시우스, 『인간의 본성에 관하여』, p. 164, 15~18(LS 47 D).

동적일 뿐이다. 하지만 원리들은 어떠한 형상도 받아들이지 않는 반면, 원소들은 형태를 구성하는 최초의 물체들로서 형상을 받아들인다. 그런 의미에서 두 원리는 이미 원소들 속에서 작동하고 있는 셈이다. 역으로 원소들 역시 궁극적인 물체들로서 우주가 하나의 회전을 마칠 때 만물은 그것들로 해체된다(『생애』 VII, 136). 온 우주 안에는 수동 원리로서의 질료와 능동 원리로서의 이성이 밀접하게 연결되어 있고,[126] 따라서 분리된 상태로는 결코 존재하지 않는다. 질료는 원리적으로 볼 때 형태도 모양도 없으며, 어떠한 성질도 가지고 있지 않다. 그러나 현실적으로는 결코 능동 원리와 떨어져 존재하지 않는다. 즉 "이 질료는 언제나 일정한 성질과 결합되고 분리될 수 없는 방식으로 묶여 있다."[127] "4 원소가 모두 모이면" 성질 없는 질료가 된다. 즉 그것은 "모든 성질을 다 갖게 되는 것이다."[128] 왜냐하면 원소들이 지닌 대립적인 성질은 모두 모여 상쇄되기 때문이다. 심지어 각 회전주기의 마지막 단계에는 오직 불만 남는다. 다시 말해 언제나 하나의 규정된 질료만 남는 것이다. 그러므로 우주가 형성되기 이전의 아무런 형

---

126 알렉산드로스 아프로디시아, 『혼합에 관하여』, p. 225, 1~2(LS 45 H).

127 칼키디우스, 『티마이오스 주석』, c. 292(LS 44 D).

128 『생애』 VII, 137; cf. 플루타르코스, 『공통 관념들에 관하여』, 50, 1086 E(*SVF* II, 380).

태도 없는 혼돈 상태란 단 한순간도 존재하지 않는 셈이다.

라) 세계와 우주의 회전　대부분의 스토아주의자들에 따르면, 이 세계는 규칙적인 간격에 따라 형성되고, 이어서 우주의 회전이 끝에 이르면 불로 해소되며, 다시 동일한 것이 산출되기를 기다린다. 그렇게 해서 각 회전주기는 불에서 출발하며, 4원소를 낳고, 그것들로부터 세계의 질서가 확립되며, 다시 회전주기가 끝에 이르면 불로 돌아간다. 니체 이래로 사람들은 그것을 "영원회귀"라고 부른다.[129] 스토아주의자들은 "윤회"에 관해 이야기하는데, 이 말은 생성이 끊임없이 다시 시작된다는 뜻이기도 하다.

불은 "대표적인 원소다. (…) 왜냐하면 나머지 모든 것이 최초로 불에서 시작하여 형태 변화를 통해 이루어지며, 불에 기반하여 만물이 이루어지는가 하면, 해체의 마지막 단계에서는 불로 해소되기 때문이다."[130] 불은 희박화의 과정을 통해 공기로 전화되며, 다음으로 공기는 농후화의 과정을 통해 습해진다. 농후화가 한층 더 강해지면 흙이 산출되고, 마지막으로 세밀화를 통해 다시 불이 된다(『생애』 VII, 135~136, 142). 이 과정의 각 단계마다 생겨난

---

129 cf. 니체, 『이 사람을 보라: 비극의 탄생』, 3.
130 스토바이오스, 『선집』 I, 10, pp. 129, 2~130(LS 47 A).

원소의 한 부분은 지속되는 반면, 다른 부분은 새로운 원소를 낳는다. 이 과정의 마지막 단계에서 요소적인 불의 구성은 최초이자 원리적인 불과 원소로서의 불 사이의 구별을 함축한다. 땅과 하늘은 이 원소들로부터 형성된다. 흙(땅)은 세계의 중심에 형성되는데, 그 이유는 흙이 가장 무거운 원소이기 때문이다. 이어서 가장 섬세한 부분들이 가장자리에 형성되는데, 그것들은 물, 공기, 불이다(불은 별, 유성, 태양을 구성하는 실체다). 땅 위에는 4원소의 결합을 통해 "식물들과 동물들, 여타의 자연적 종들"이 형성된다(『생애』 VII, 142).

윤회설은 가장 완전한 형태의 다음과 같은 네 가지 원소를 포함한다. ① 이른바 "대년大年"이라 부르는 매우 긴 시간 주기(1만 8000년)가 완수된다. 이 주기가 끝나면 별들은 자기들이 처음 있었던 자리로 돌아오며, 다시 동일한 편력을 시작한다. ② "에크퓌로시스ekpurôsis" 혹은 세계를 모두 태우는 대화재의 발생. 이것은 불의 단계로 돌아감을 뜻하며, 세상을 완전하게 파괴한다. ③ 파괴 이후, 최초의 동일성을 향해 세계의 질서가 다시 구축된다. 처음과 동일한 우주 발생론을 따르면서, 세계의 질서가 다시 형성된다. ④ 처음과 동일한 형상으로 개별자들이 복원된다. 개별자들에게는 매 시기마다 전과 동일한 사건들이 발생한다. 즉 "다시 소크라테스와 플라톤이 있게 될 것이요, 각각의 사람은 같은 친구

들 및 같은 시민들과 함께할 것이다. 그들은 동일한 것들을 겪을
것이요, 동일한 것들이 그들에게 생길 것이며, 그들은 동일한 것
에 몰두할 것이다."[131] 이들 가운데 원소 ①과 ④는 이미 몇몇 피
타고라스주의자들이 주장했던 것처럼 보인다.[132] 반면에 ②와 ③
은 스토아주의자들의 독특한 주장이다.

스토아주의자들에게 있어서 (주기적인 회전과 대화재라는) 두 모
델의 조합은 확실히 순환적 시간과 개별적 동일성에 관한 문제들
을 통해 설명된다. 이것들은 아리스토텔레스 시대에 이미 잘 알
려진 것으로서, 예컨대 『문제들』(XVII, 3)에서 "사람들은 인간사
가 하나의 회전"이며, 이를 별들의 회전에 비견할 만한 것으로 이
야기한다. 하지만 시간과 우리들 자신이 동일한 것으로 회귀한다
면, 그렇다면 우리들 자신은 트로이아인들보다 옛사람들이라 할
수 있을 것이다. 그러나 스토아주의자들에 따르면, 영원회귀란
아리스토텔레스적인 의미에서 수적으로 동일한 개별자의 회귀가
아니다. 반대로 그것은 같은 개별적 성질을 통해서 동일화된 개인
이다.[133] 또한 시간 역시 같은 것이 아니다. 왜냐하면 대화재가 세

---

131 네메시우스, 『인간의 본성에 관하여』, c. 38, pp. 309, 5〜311, 2(LS 52 C); cf. 오리게네스, 『켈수스에 반대함』 V, 20.
132 오리게네스, 『켈수스에 반대함』 V, 21을 보라.

계를 파괴함으로써 세계의 운동을 정지시키고, 운동에 수반되는 시간 또한 정지시키기 때문이다.

하지만 왜 이 세계는 동일한 것으로 재구성될까? 그것은 이 세계가 운명과 섭리에 의해 지배되기 때문이다. 따라서 세계는 결정론과 이성에 종속되는 셈이다.

마) 세계와 인간의 본성과 영혼 신 또는 이성은 불이 원초적 상태로 있었을 때부터 이미 질료에 내재해 있던 것으로, 이성적 원리로서 마치 씨앗처럼, 즉 동물을 형성하는 생물학적 원리처럼 작용한다. 또한 인간 안에서와 마찬가지로, 이성은 영혼으로서 인간을 이끌어가는 지도 원리이기도 하다. 동물에서와 마찬가지로 세계 안에도 두 가지 운동 원리가 있다. 하나는 성장의 원리인 자연이고, 다른 하나는 영혼인데, 영혼은 운동의 원리로서 결과적으로 이성적이다. 사실 세계 전체는 숨결을 통해 살아 움직이는데, 이는 숨결을 통해 동물이 살아 움직이게 하는 것에 비견된다.

실제로 스토아주의자들은 영혼이 일종의 숨결이라고 주장한다. 먼저 그들은 영혼이 물체임을 증명한다. 왜냐하면 비물체적인

---

133 알렉산드로스 아프로디시아, 『아리스토텔레스의 「분석론 전서」 주석』, p. 180, 33~36(LS 52 F).

것과 물체는 양립할 수 없으며, 어떠한 비물체적인 것도 물체와는 떨어져 있을 수 없기 때문이다.[134] 다음으로 그들은 숨이 몸을 떠날 때 동물이 죽는다고 주장함으로써 영혼이 숨결임을 제시한다.[135] 크뤼십포스에 따르면, "영혼은 우리와 본성을 공유하는 숨결로서, 생명의 편안한 숨결이 몸 안에 머물러 있는 동안, 몸 전체를 편력하는 것이다."[136] 프네우마 혹은 숨결에는 다양한 형태가 있는데, 예컨대 그것들은 "유지적인" 숨결, 자연적 숨결, 영혼의 숨결이다.[137] "유지적인" 숨결은 생명 없는 물체(무기물)를 유지하거나 "지탱하는" 숨결이다. 그것은 광물과 나무뿐만 아니라 뼈의 응집력을 보장해준다. 자연적 숨결은 영양 섭취와 성장을 보장해준다.(그것은 생장 기능들로서, 아리스토텔레스는 이를 영혼의 생장 부분에 할당한 바 있다.) 그것은 본질적으로 식물에 나타나지만, 머리카락이나 손톱 등에 나타나기도 한다. 영혼의 숨결은 자연적 숨결보다 더 건조하고 더 희박하며, 감각 작용과 충동을 가능케

---

134 키케로, Ac. Pr. I, 39(LS 45 A); 네메시우스, 『인간 본성에 관하여』, pp. 78, 7~79, 2(LS 45 C); p. 81, 6~10(LS 45 D).

135 칼키디우스, 『티마이오스 주석』, c. 220(LS 53 G).

136 갈레누스, 『히포크라테스와 플라톤의 학설에 관하여』 III, 1, p. 170, 9~10(SVF II, 885).

137 위(僞) 갈레누스, 『의료 입문』 IX, p. 697, 6~8 K(LS 47 N); 『반박』 IX, 130(SVF III, 370); IX, 78~84(SVF II, 1013).

해준다. 동물 안에 있는 영혼은 지휘하는 부분을 중심으로 결집되어 있지만 몸 전체에 퍼져서 몸을 움직이는 것처럼, 마찬가지로 세계 안에도 신적인 숨결이 있어 불의 형태(태양)를 띠고 세계의 지도적 부분을 중심으로 결집되어 있지만, 그것은 세계의 모든 질료 속으로 퍼져 세계를 움직인다. 또한 스토아주의자들은 그리스의 전통적인 신들을 믿지 않았다. 반대로 그들은 신이란, 세계의 부분 속으로 원리가 관통하는바, 세계의 각 부분에 들어 있는 원리에 부여한 이름들에 불과한 것이라고 말함으로써 전통 신학을 재해석했다. 예컨대 헤라는 공기 중에 들어 있는 생명의 원리이고, 포세이돈은 바다 속에 들어 있는 생명의 원리인 반면, 제우스는 세계의 지도적인 부분 속에 들어 있는 생명의 원리라는 것이다.

동물에서와 마찬가지로 우주 안에서도 본성은 성장의 원리다. 제논은 "본성이란 일정한 길을 따라 생성으로 이끄는 장인적인 불이다"라고 보편적 본성에 관해 말한다.[138] 동물과 세계가 자랄 때, 숨결은 더 이상 성장을 보장하는 것에만 만족하지 않는다. 그것은 감각 작용과 운동까지도 보장한다. 신은 이 세계를 내부로

---

[138] 『생애』 VII. 16; 키케로, 『신들의 본성에 관하여』 II. 57(SVF I. 71).

부터 형성했고, 다음으로 영혼이 몸을 지휘하는 것과 같은 방식으로 그것을 지휘한다.

엄마 자궁 속에 있는 태아에게는 영혼이 없다. 태아는 탯줄을 통해서 마치 식물처럼 양분을 섭취하며, "엄마 배의 일부분"이다.[139] 탄생과 함께 태아는 동물이 되고, 그의 숨결은 물리적 숨결에서 영혼의 숨결로 전화된다. 즉 그 본성은 영혼이 되는 것이다. 이러한 전화는 물리−화학적 과정의 결과다. 자궁 속에 있는 태아 안에서 농후한 물리적 숨결은 섬세하게 정제되고, 출생 시 접촉하게 되는 공기의 냉각 작용을 통해 조밀해짐으로써 영혼의 숨결로 전화된다.[140] 플루타르코스가 스토아주의자들에 맞서 주장한 바에 따르면, 출생 시 영혼의 조밀해짐과 영혼의 숨결이 물리적 숨결보다 더 섬세하고 더 미세하다는 논제 사이에는 모순이 있다. 그러나 히에로클레스에 따르면, 영혼의 숨결이 섬세해지는 것은 태어남에 앞서 이루어진 것이다.[141]

---

139 위 플루타르코스, 『의견들』 V. 15〜16, 907 C−E(*SVF* II, 754; 756).

140 히에로클레스, 『도덕의 요소들』, 1 a, 17〜18; 21〜22(LS 53 B); 플루타르코스, 『차가움의 원리에 관하여』, 2, 946 C; 『스토아주의를 반박함』, 41, 1052 F; 『도덕의 요소들』, 1084 D−E(*SVF* II, 806).

141 LS 53 B는 핵심적인 문장을 중간에 끊었는데, 끊긴 부분에서 이야기된 바에 따르면, 태아의 숨결은 "지속적인 노력에 의해 환기換氣됨으로써, 양적으로 하나의 영혼이 된다."

바) 혼합과 "동감" 세계의 경우와 마찬가지로 동물도 영혼이 몸 전체에 퍼지기 위해서는 몸과 섞여야 한다. 크뤼십포스는 몸의 구성을 세 가지 유형으로 구분했다.[142] 우선 병치竝置의 경우, 예컨 대 한 무더기로 모여 있는 밀알들의 경우, 그 물체들은 서로 혼합 되지 않는다. 다음으로 융합融合의 경우, 두 물체는 그것들의 실체 와 서로 다른 성질들을 결합시킴으로써 새로운 실체와 새로운 성 질을 형성한다. 그러한 혼합은 돌이킬 수 없는 것으로서 예컨대 약의 경우에 발생한다. 즉 약들은 화학적인 결합을 통해 그 요소 들에 없었던 성질을 갖게 된다. 마지막으로 총체적인di' bolon 혼합 의 경우, 두 물체는 서로 침투하며 그것들의 성질은 서로 첨가된 다. 그런데 그 혼합은 돌이킬 수 있다. 즉 우리는 연결된 두 물체 를 분리할 수 있다. 그와 같은 혼합은 액체의 경우에 발생하는데, 이때는 "뒤섞임krasis"이라고 불린다.(스토아주의자들은 아리스토텔레 스에 반대하여[143] 단 한 방울의 포도주라도 땅 전체와 섞일 수 있다고 주장한다.) 그뿐만 아니라 그러한 혼합은 건조한 물체들의 경우에 발생하기도 하며, 이때는 엄밀하게 말해 "혼합mixis"이라고 불린 다. 영혼과 몸이 바로 그런 경우로서 그것들은 서로 혼합되어 있

---

[142] 알렉산드로스 아프로디시아, 『혼합에 관하여』, pp. 216, 14~218, 6(LS 48 C).
[143] 아리스토텔레스, 『생성소멸론』, I권 10장을 보라.

다.[144] 이것은 신적인 숨결이 세계를 지배하는 것을 허용하는 것이자, 보편적인 "동감"에 감응하는 것이기도 하다. "이 세계는 본성에 의해 지배된다. 왜냐하면 이 세계는 단일한 숨결을 통해 편력을 겪으며, 자기 자신에 대해 동감을 얻기 때문이다."[145] 달리 말하면, 세계의 모든 부분은 함께 감응한다. 왜냐하면 그것들은 동일한 숨결에 의해 연결되어 있기 때문이다. 마찬가지로 몸의 모든 부분도 그렇다. 그 부분들은 동물을 지휘하는 개별적인 영혼을 통해서 편력하는 것이다.

사) 운명과 원인들: 인간의 책임과 신의 섭리 만일 모든 것이 운명에 부합하게 발생한다면, 인간의 책임이 위치할 자리는 어디일까? 이는 크뤼십포스가 해결하고자 했던 어려움이었다.[146] 인간 행위의 책임이 운명에 있다면, 그에게는 잘못을 따질 수 없다. 아리스토텔레스나 에피쿠로스의 경우에는 도덕적 책임이란 것이 존

---

144 "혼합mixis"과 "뒤섞임krasis" 간의 이러한 구별은 스토바이오스의 작품에서 설명되고 있다. cf. 스토바이오스, 『선집』 I, 17, pp. 153, 23~155, 14(SVF II, 47). 이것은 LS 48 D 에서 부분적으로 재론되고 있다(LS, p. 289, n. 3을 보라). 한편 "뒤섞임"이라는 용어는 종종 영혼과 몸의 혼합의 원천으로서 적용되기도 한다.

145 위 플루타르코스, 『운명에 관하여』, 11, 574 E-F(SVF II, 912); cf. 키케로, 『운명에 관하여』, 5~11; 키케로, 『신적 예언에 관하여』 II, 33~35.

146 에우세비오스, 『복음 준비서』 VI, 8, 25(LS 62 F).

재한다. 왜냐하면 행위들은 자유롭거나 결정되어 있지 않기 때문이다. 키케로의 『운명에 관하여』(39 = LS 62 C)에 의하면, 크뤼십포스는 운명과 "영혼의 의지적 행위" 사이의 화해를 바랐다고 한다. 이 논의는 원인들에 관한 이론의 일반적인 틀에 속하는 것이다.

　제논과 크뤼십포스가 공유하고 있는 정의에 따르면, 원인이란 "~때문인바 그것"이다.[147] 이 정의는 아리스토텔레스의 4원인설 가운데 몇 가지, 예를 들어 질료인質料因(즉 어떤 사물이 구성되는 "재료로서의 원인." 예컨대 동상은 청동으로 만들어진다)이나, 목적인目的因(즉 어떤 사물이 구성되는 "목적." 예컨대 건강을 위해 하는 산책)을 거부한다는 의미다. 스토아주의자들에게 원인이란 차라리 아리스토텔레스의 작용인과 더 가까운 관계를 맺는다. 그러나 스토아주의 이론은 아리스토텔레스 이론과 구별되는데, 그 점은 알렉산드리아의 클레멘스가 잘 보여주고 있다(『선집』 VIII, 9).[148] 즉 아리스토텔레스에게 있어서 원인은 무엇인가의 원인이며, 이름에 의해 지칭된다. 예를 들어 건축가는 집의 원인이다. 이와 달리, 스토아주의자들에게 있어서 원인은 하나의 물체인바, 그것은 다른 물

---

147 스토바이오스, 『선집』 I, 13, pp. 138, 14~139, 4(LS 55 A).

148 LS 55 C-D에서 일부 발췌. 발췌문 전체에 대한 프랑스어 번역으로는 J.-J. Duhot, 『스토아학파의 인과 개념La conception stoïcienne de la causalité』, Paris, 1989, pp. 273~278를 참고하라.

체가 겪는 결과의 원인이다. 그 결과는 비물체적인 말할 수 있는 것이다. 그것은 하나의 술어일 수도 있고("…절단되다") 또는 하나의 명제일 수도 있다("배 한 척이 건조된다"). "예를 들어 수술칼은 하나의 물체다. 그것은 또 다른 물체인 살에 대하여, '절단되다'라는 비물체적인 술어의 원인이 된다."(『반박』 IX, 211 = LS 55 B) 논리학에서 말할 수 있는 것은 사유의 대상처럼 드러난다. 그것은 합리적인 표상에 부합하는 방식으로 존재하며, 언어 속에서 표현될 수 있다. 자연학의 경우에도, 그것은 한 물체에 대하여 다른 물체적인 원인이 야기한 결과처럼 나타난다. 이는 암묵적으로 언어와 사유 안에서 내용에 해당되는 의미들이 세계 안에서는 물체들의 결과와 동일함을 의미한다.

제논은 이 학설로부터 다음과 같은 결론을 이끌어낸다. 즉 "원인은 무엇의 원인인바, 그 무엇이 나타나지 않고서는 원인이 존재하기란 불가능하다"는 것이다(LS 55 A). 크뤼십포스는 원인들을 구체적으로 구분했고, 모든 원인이 필연적으로 자신의 결과를 산출하는 것은 아니라고 강조했다. 클레멘스에 따르면 크뤼십포스는 원인을 네 가지 유형으로 구분했다. 1) 선행적 원인 혹은 예비적 원인, 2) 유지維持적 원인 혹은 지탱하는 원인, 3) 보조적 원인, 4) 협력적 원인.**149**

선행적 혹은 예비적 원인은 하나의 사건에 일차적인 성향을 제공한다. 그러나 그것들이 필연적인 원인인 것은 아니다. 즉 결과가 필연적으로 산출되는 것은 이 원인이 존재하기 때문이 아니라는 말이다. 반대로 심지어 이 원인이 사라진 뒤에도 결과는 지속할 수 있다.

유지적 원인은 비슷한 말로 "완전한 원인"이라고 불리기도 한다. 왜냐하면 이는 그 자체로 결과를 산출하기 때문이다. 바로 이 원인이야말로 필연적인 방식으로 자신의 결과를 산출하지만, 역으로 결과는 이 원인이 사라질 경우 지속할 수 없다. 클레멘스는 일련의 비교를 통해 이를 설명하고 있는데, 그 설명이 크뤼십포스에게서 온 것 같지는 않다. 즉 아버지는 교육의 선행적 원인이다.(왜냐하면 아들을 학교에 보내기로 결정하는 사람은 아버지이기 때문이다.) 그러나 교육의 완전한 원인은 선생이라는 것이다.

계속해서 클레멘스를 따라가보자. 보조적 원인은 학생의 본성이다. 왜냐하면 학생의 본성이야말로 지속적인 원인에서 비롯되는 결과를 "강화시키기 때문이다." 그것은 도와주러 온 원군援軍에 비견될 수 있다. 협력적 원인은 유지적 원인을 필요로 하지는 않지만, 자기 자신만으로는 충분하지 못하다. 그것은 다른 협력

---

149 알렉산드리아의 클레멘스, 『선집』 VIII, 9(LS 55 I).

적 원인들과 함께 결과를 산출하는 데 기여한다. 클레멘스는 그 것의 예로 배를 건조하는 데 협력하는 노동자들을 들고 있다.

우리는 키케로의 『운명에 관하여』(39~43 = LS 62 C)에서 보조 적이고 주변적인 원인들과 완벽하고 주된 원인들 사이의 구별을 찾아볼 수 있다. 뒤의 것들은 완전한 원인들과 일치하는 것처럼 보인다. 반면에 앞의 것들은 어느 정도 다른 세 부류의 원인들로 분류될 수 있을 것이며, 어쨌든 간에 예비적 원인으로 분류될 수 있을 것이다. 왜냐하면 키케로의 『운명에 관하여』(41 = LS 62 C 5) 에 따르면, 크뤼십포스는 운명이 보조적이고 주변적인 원인 덕분 에 생성된다고 주장했기 때문이다. 또한 플루타르코스에 따르면 (『스토아주의를 반박함』, 47, 1056 B = LS 55 R), 크뤼십포스는 운명 이 우리 행위의 예비적 원인이라고 주장했기 때문이다.

"운명이란 사물들 전체가 지닌 일정한 자연적 질서로서 그것들 은 다른 것들에 의해 영원히 엉켜 있고 끌려가며, 그것들의 연쇄 는 끊길 수 없다."[150] 그것은 "사물들의 뒤엉킨 원인이거나, 또는 이 세계를 이끄는 이성"이다(『생애』 VII, 149). 그것의 "실체"는 "숨 의 힘으로서 이 전체를 질서 잡힌 방식으로 지배하는 것이다."[151]

---

[150] 아울루스 겔리우스, 『앗티카의 밤』 VII, 2, 4~12(LS 55 K).

그러므로 운명은 (1) 끊어질 수 없는 인과 연쇄로 정의되고(이 암시는 운명의 여신들이 풀어놓은 운명의 실타래와 같은 전통적인 이미지를 다시 취하고 변형시킨 것이기도 하다), (2) 세계 전체가 그것을 통합하는 숨결에 의해 총체적으로 편력한다는 사실에 의해 설명되며, (3) 세계를 이성적인 방식으로 지배하는 것이다. 왜냐하면 그 숨결은 신적이고 이성적이기 때문이다. 그래서 "공통적인 자연과 그 자연이 지닌 공통적인 이성은 운명과 동일시되는가 하면, 섭리이자 제우스와도 동일시되는 것이다."[152]

위 플루타르코스에 따르면 스토아주의자들은 온갖 논증 수단을 동원하여 운명이 존재함을 입증하는데, 그것들은 다음과 같다.[153] 1) "원인 없이는 어떠한 것도 생겨나지 않으며, 반대로 모든 것은 선행 원인에 따라 생겨나기 때문이다." 2) 이 세계가 단일한 숨결에 의해 편력하며 그것과 같은 상태를 겪는 이상, 이 세계는 자연의 지배를 받는다는 데 기반한 논증. 3) "이 논제들을 지지하는 일련의 증언들—다시 말하면, 신적 섭리가 존재한다는 것, 현

---

151 스토바이오스, 『선집』 I, 5, 15, p. 79, 1(LS 55 M).

152 플루타르코스, 『스토아주의를 반박함』, 34, 1050 B.

153 위 플루타르코스, 『운명에 관하여』, 11, 574 E-F(SVF II, 912). 그것은 틀림없이 크뤼십포스의 논고 『운명에 관하여』에서 다루어진 논증들과 관련된다.

자들이 "모든 것이 정해진 것에 부합하는 식으로 생겨난다는 생
각을 통해" 운명에 복종하는 것, 그리고 마지막으로 모든 명제
는 참이거나 거짓이라는 이치_値 원리가 그렇다.[154] 마지막 논증
은 다음과 같다. 만일 원인 없는 운동이 있다면, 미래에 대한 명
제들은 참도 거짓도 아닐 것이다.(만일 미래에 대한 어떤 명제가 참이
거나 거짓이라면, 그것을 둘 중 하나이게 해주는 어떤 원인을 가져야 할
것이다.) 그런데 그 명제들은 참이거나 거짓이다. 그러므로 원인
없는 운동이란 존재하지 않는다. 또 "사물들이 그러하다면, 생겨
나는 모든 것은 선행하는 원인에 의해 생겨나는 것이다."[155] 크뤼
십포스가 인과 원리를 이치 원리로부터 도출해냈다는 사실은 제
법 놀라운 것처럼 보일 수도 있다. 이와 다르게 아리스토텔레스
는 『명제론』 9장에서 오히려 이치 원리의 보편성을 거부하려는 성
향을 보이는데, 그것은 그가 결정론을 거부하기 때문이다. 그러
나 모든 것이 선행하는 원인에 따라 생겨난다는 논제는 역시 논
증 1)에서 증명되었다. 그러므로 이치 원리는 다른 곳에서 이미
확립된 논제를 강화해줄 뿐이다. 다른 한편으로, 아리스토텔레스
에서와는 달리 크뤼십포스에게서 명제는 완전히 다른 위상을 갖

---

154 본문 55~56쪽을 보라.

155 키케로, 『운명에 관하여』, 20~21(LS 38 G).

는데, 그때의 명제는 명제의 발화와 다르지 않다.

운명이 보편적 인과의 원리인 이상, 어떠한 것도 운명을 피해 갈 수는 없다. 사람들의 행위는 그 자체로 운명에 의해 "움직여지고 지배될" 수밖에 없다. 사람들은 그런 식으로 운명과 관련하여 자기들의 책임을 부정할 수 있다(아울루스 겔리우스, 『앗티카의 밤』 VII, 2, 4~12 = LS 55 K). 악의 책임을 떠맡는 것은 운명 또는 신이다. 이 논제는 또한 숙명론이나 무기력으로 인도할 수 있다. 우리가 무슨 짓을 하든 간에 운명에 의해 예정된 것이 실현될 것이라고 생각한다면 말이다. 그것은 이른바 "안일한 논변"이 갖는 의미다. 왜냐하면, "만일 회복되는 것이 너의 운명이라면, 네가 의사를 부르든 말든 너는 회복될 것이다. 그러나 만일 회복되지 않는 것이 너의 운명이라면 네가 의사를 부르든 말든 너는 회복되지 않을 것이다. 그런데 너의 운명은 회복되거나 회복되지 않거나이다. 그러므로 네가 의사를 부르는 것은 헛된 일이다."[156] 따라서 운명은 악이나 무기력을 정당화할 수 있다.

크뤼십포스는 이러한 반박들을 거부한다. 안일한 논변들에 답하면서, 그는 우리가 의사 덕에 회복되고 또 의사에게 연락하는

---

[156] 키케로, 『운명에 관하여』, 28~29(LS 70 G); cf. 오리게네스, 『켈수스에 반대하여』 II, 20.

것은 함께 운명지어진(혹은 함께 규정된) 일이라고 대답한다. 그에
따르면, "우리로부터 귀결되는 것은 매우 많으며" 그것들은 "세
계의 질서만큼이나 함께 운명지어진 것"이라는 것이다. 예컨
대, "누군가가 적을 피하는 것은 그가 적에게서 도망친다는 사실
을 동반하며, 아이들이 태어난다는 것은 여성과 동침하려는 바람
을 동반한다는 것이다."[157] 이것은 원하는 대로 마음껏 행동하는
것에 대하여 인간에게 책임을 부여하지는 않는다. 그러나 이것은
숙명론이라는 비난에 대한 답변이 된다. 즉 인간의 행위는 운명
의 흐름 안에 포함되지만, 운명이 모든 행위를 마비시키는 것은
아니라는 뜻이다.

　또 다른 답변이 원인들을 구별하는 데 사용된다. 사실 충동과
동의는 "우리 능력 안에" 있는 것들이다. 왜냐하면 "동의는 표상
에 의해 촉발되지 않는 한 생겨날 수 없기 때문이다." 표상은 "일
종의 외부 자극처럼 작용하는 것"이다. 하지만 그 표상은 동의의
예비적 원인일 뿐, 완전한 원인은 아니다. 크뤼십포스는 이 과정
을 원기둥과 원추에 빗대 설명한다. 그것들은 누군가가 밀어주지
않는 한 스스로 움직일 수 없다. 그러나 "일단 운동이 이루어지

---

[157] 에우세비오스, 『복음준비서』 VI, 8, 25~27(LS 62 F); 키케로, 『운명에 관하여』, 30(LS
55 R).

면, 그 뒤로는 그것들 본연의 성질 덕분에, 원기둥은 구르고 원추는 돌게 된다."[158] 눈길을 끄는 것은 이 비교가 지닌 결정론적인 성격이다. 왜냐하면 원기둥은 구르도록 정해져 있고, 원추는 돌도록 정해졌기 때문이다. 또한 크뤼십포스의 논변은 두 가지 의미에서 기능한다. 한편으로 그는 인간이 운명에 따라 활동하는 것이 아니라 자신의 고유한 본성에 따라 활동함을 보임으로써, 운명에 대하여 인간의 자율성을 강조한다. 다른 한편으로, 그는 인간이 자신의 고유한 본성에 따라 활동하도록 규정되었음을 보임으로써, 또 다른 형태의 결정론을 강조한다. 아울러 크뤼십포스는 의지의 자유보다는 인간의 책임을 더 지키려고 한다. 그러나 그의 고유한 기준들에 따르면, 구속의 부재로서의 자유는 적극적인 차원을 갖지 못한다. 왜냐하면 오히려 정반대로, 모든 것은 우리를 합리성에 복종하게끔 만드는 경향을 지니기 때문이다.

그 결과 신은 악에 대하여 책임이 없다. 반대로, 크뤼십포스는 다음과 같이 말한다. "피타고라스주의자들이 '인간은 그들에게 어울리는 고통을 선택했음을 알아야 한다'라고 말한 것은 옳다.

---

158 키케로, 『운명에 관하여』, 41~43(LS 62 C). cf. 아울루스 겔리우스, 『앗티카의 밤』 VII. 2, 4~12(LS 55 K); 그리고 "우리의 능력 안에 있는" 동의에 관해서는 키케로, 『아카데미카 전서』 II, 37~38; 『아카데미카 후서』 I, 40(LS 40 B)를 참고하라.

왜냐하면 그들은 그 말을 통해 인간이 겪게 되는 손실이 저마다의 손에 달려 있음을 이해했으며, 그들의 충동과 그들의 고유한 정신 상태와 고유한 성향을 따르는 속에서 잘못된 길로 접어들고 손실을 겪게 된다는 것을 이해했기 때문이다."[159] 다른 한편 크뤼십포스에 따르면, 질병들과 신체의 허약함은 적응력과 유용함과 관련하여 부수적인 결과로서 귀결된 것들이며, 악덕 그 자체는 대립자들 간의 밀접한 관계로 인해 덕이 존재하는 것으로부터 귀결된 것이다. 그것들은 신이 섭리를 통해 바랐던 귀결이 아니라, 피할 수 없었던 귀결이다.[160] 그러므로 모든 것은 결정적으로 인간을 운명의 조례에 복속되도록 인도한다. "만약에 내가 아프도록 방금 운명에 의해 결정되었다는 것을 알았더라면, 나는 그렇게 되고자 하는 충동을 가졌을 것이다."[161]

---

159 아울루스 겔리우스, 『앗티카의 밤』 VII. 2, 12(LS 55 K).

160 아울루스 겔리우스, 『앗티카의 밤』 VII. 1, 1~13(LS 54 Q).

161 크뤼십포스에 대한 에픽테토스의 인용. in 『담화록』 II. 6, 9(LS 58 J).

Le stoïcisme

제2장

로마 시대의
스토아주의

(서기전 1세기~서기 3세기)

I.
서기전 1세기와
스토아주의의
탈중심화

—

키케로는 라리사의 필론과 안티오코스 같은 아카데메이아 학자들이 활동하던 시기에, 므네사르코스와 다르다노스가 "스토아학파의 지도자들"이었다고 진술했다.[1] 그래서 오랫동안 사람들은 스토아학파가 파나이티오스의 사후에도 서기전 110~서기전 109년까지 두 철학자의 지휘 아래 아테네에서 존속했으며, 술라가 아테네를 점령한 서기전 86년에 가서야 확실히 사라지게 되었다고 믿어왔다.

---

1 키케로, 『아카데미카 전서』 II, 69.

하지만 에피쿠로스주의자인 필로데모스의 증언에 따르면, 다르다노스와 므네사르코스는 그저 파나이티오스의 제자들이었을 뿐, 계승자는 아니었던 것으로 보인다.[2] 반면 같은 시기에 아파메이아 출신의 포세이도니오스가 로도스에 있는 스토아 학교의 교장이 된다. 사실은 키케로 자신이 그의 제자였는데, 그것은 77년 무렵이었던 게 확실하다(플루타르코스, 『키케로』, 4, 5). 그리고 그 학교는 포세이도니오스 사후에 손자인 뉘사 출신의 이아손이 그의 뒤를 잇기에 충분할 정도로 잘 조직되어 있었다(포세이도니오스, 『단편』, T 40). 포세이도니오스의 명성이 당시 아테네 학교의 "지도자들"이 누리던 것보다 월등했던 점을 감안하면, 학파의 무게중심이 이동했음에 분명하다. 아마도 포세이도니오스는 파나이티오스의 계승자로 지명되었을 것이요, 또한 로도스의 학교 역시 아테네의 스토아 학교가 자진해서 로도스로 옮겨간 것에 다름 아니었을 것이다.[3] 사정이 어떻든 간에, 그것은 우리가 다르다노스와 므네사르코스 이후 아테네에 있던 스토아학파에서 이루어진 모든 교육의 흔적을 오랫동안 잃어버렸다는 사실을 뜻한다.

---

2 『고대 철학자 사전Dictionnaires des philosophes Antiques』 IV, M 181. 또한 D. Sedley, "학파의 역사: 제논부터 아레이오스 디뒤모스까지The School, from Zeno to Arius Didymus," in B. Inwood, The Cambridge Companion to the Stoics, 2003, pp. 26~28.

3 D. Sedley, 같은 책, pp. 26~28.

아테네가 술라에 의해 점령된 사건은 로마가 주도권을 행사하기 시작했음을 의미하며, 또한 철학 활동의 중심지가 점차 로마로 이동하고 있다는 것을 뜻하는 동시에 그러한 활동이 제국 전체로 퍼져가고 있음을 말하기도 했다.

스토아학파의 가르침이 지중해 세계 전체로 전파되고 확산되기 시작한 것은 서기전 2세기 중엽이었다. 우선 서기전 155년, 세 명의 철학자로 구성된 사절단은 스토아주의가 로마에 도입되는 데 영향을 끼쳤다. 다음으로는 확실히 서기전 146~서기전 145년 사이에, 타르소스 사람인 아르케데모스가 바빌로니아에 스토아 학원을 설립했던 일로서(*SVF* III, Arch. 2), 이는 스토아학파가 동방 세계로 확장되고 있음을 특징짓는 사건이었다. 그리고 서기전 140~서기전 130년 사이에 파나이티오스가 로마에 자주 머물렀으며, 스키피오 아이밀리아누스(=소 스키피오)와 교우관계를 맺었던 사실은 스토아학파가 완전히 로마에 도입되었음을 의미한다. 라일리우스처럼 1세대의 로마 스토아주의자들은 파나이티오스의 강의를 듣는 혜택을 누렸다. 2세대는 154년 무렵에 생겨났는데, 이때는 대체로 사절단을 보내던 시기와 일치한다. 푸블리우스 루틸리우스 루푸스는 정치가이며 연설가이자 스토아 역사가였으며, 역시 루키우스 아일리우스 스틸로는 장차 바로의 스승이 될 사람이자 『변증술 입문』이라는 책의 저자이기도 했다.

서기전 1세기에 로마 스토아주의는 여전히 우티카의 카토(서
기전 94~서기전 46)가 주도하고 있었다. 그는 가장 중요한 정치
인이었다. 그는 카이사르의 승리와 함께 공화주의 진영이 몰락
하자 의연하게 자결을 택했는데, 이를 두고서 예컨대 세네카 같
은 사람은 카토를 스토아적인 현자의 모델로 간주했다(『편지』, 24,
6~8). 전통적인 로마의 덕과 스토아주의적인 엄격함의 만남은 스
토아주의의 성공에 크게 기여했다. 한편 같은 시기에 다른 스토
아주의자들도 정치와 지성의 분야에서 중요한 역할을 수행했는
데, 그 가운데 옥타비우스 아우구스투스는 타르소스 출신의 아
테노도로스(서기전 95/85~서기전 13/3)에게서 철학을 배웠다. 아테
노도로스(혹은 아테노도로스 "칼부스"라고도 불린다) 자신은 포세이
도니오스의 제자였다. 옥타비우스 아우구스투스는 그 뒤에 아레
이오스라는 사람을 고문으로 두기도 했는데, 그는 분명히 철학자
아레이오스 디뒤모스였을 것이다. 아레이오스 디뒤모스의 저술
들 가운데 몇몇은 스토바이오스를 통해 오늘날까지 우리에게 전
해지고 있다.[4]

로마 스토아주의의 역사 전체를 통해서, 그런 식으로 우리는

---

4 『고대 철학자 사전*Dictionnaire des Philosophes Antiques*』 I(Paris, 1989), A 324를 보라.

전문적인 철학자와 비전문적인 스토아주의자들—대개의 경우
이들은 고위층 귀족들로서 정치에 참여하고 있었다—이 공존하
고 있음을 볼 수 있다. 몇몇 경우에는 이 두 가지 측면이 한 사람
에게 나타나기도 하는데, 예컨대 세네카의 경우가 그렇다.

공화정 말기와 제국 시대 처음 두 세기 사이에 스토아주의의
가르침은 그리스 로마 세계로 급속히 확대되었다. 몇몇 선생들은
아테노도로스 칼부스처럼 가정교사로 활약했는데, 그들 중에는
카이레몬이나 세네카와 같은 네로의 스승들도 있었다. 하지만 대
다수는 몇몇 중요한 학생들이 소속된 동아리를 이끌고 있었다.
또 경우에 따라서는 종종 그들 모임에 청강생들이 함께하곤 했
다. 대표적인 선생들로는 서기전 59년 키케로의 집에서 사망한 디
오도투스, 세네카의 스승이었던 아탈루스, 루카누스와 페르시우
스의 스승이었던 코르누투스, 에픽테토스의 스승이었던 무소니
우스 루푸스, 119~121년경에 사망한 것으로 추정되는 튀로스 출
신의 에우프라테스, 에픽테토스 자신, 그리고 칼케돈 출신의 아
폴로니오스와 카이로니아 출신의 섹스투스를 들 수 있는데, 아폴
로니오스와 섹스투스의 집에는 황제였던 마르쿠스 아우렐리우스
도 드나들었다고 한다. 이 선생들 가운데 몇몇은 집에서 가르쳤
다. 다른 이들은 각자가 속한 도시에서 어느 정도는 공식적으로
선생으로 인정받았고, 아마도 공공기관에서 가르쳤을 것이며, 도

시로부터 급료를 지급받거나 그들의 수강생들로부터 강의료를 받거나, 아니면 둘 모두로부터 돈을 받음으로써 생계를 유지할 수 있었다. 그렇게 스토아학파의 가르침이 아테네에서 다시 부활했음을 잘 보여주는 비문도 있는데, 그러한 부흥은 아마도 트라야누스 황제 치세기(1세기 말~2세기 초)에 "스토아주의 교수"였던 하가누스 출신의 T. 코포니우스 막시무스에 의해 확고해졌던 듯하다. 서기 176년, 마르쿠스 아우렐리우스 황제는 아테네에 네 개의 주요 철학 학파를 위하여 교수직을 마련해주었다. 그것들은 각각 플라톤주의, 스토아주의, 에피쿠로스주의, 아리스토텔레스주의였으며, 학파마다 두 자리씩 교수직을 배당했던 것으로 보인다.[5]

　이 시기 전체에 걸쳐 스토아주의의 성공은 부정할 수 없는 것처럼 보인다. 그 영향력은 한때 노예였던 에픽테토스부터 황제인 마르쿠스 아우렐리우스에 이르기까지 사회의 모든 계급에 미쳤다. 정치적으로도 스토아학파의 영향력은 지대했다. 스토아주의는 로마 지배자들의 철학이었으며(세네카와 마르쿠스 아우렐리우스), 제국의 독재적 경향에 반대했던 정치가들의 철학이기도 했다.[그들은 예컨대 실각한 뒤의 세네카, 66년의 원로원 결정에 자결로 응

---

5 디온 카시우스, LXXII, 31, 3; 루키아노스, 『환관』, 3; 필로스트라토스, 『소피스트의 생애』, II, 2, 566.

답했던 트라세아 파이투스, 그의 사위였던 헬비디우스 프리스쿠스 또
는 파코니우스 아크립피누스 등으로, 에픽테토스의 작품(『담화록』 I, 1,
26~27; 2, 19~24)에서 스토아주의의 모델로 간주된다.]

　스토아주의는 마르쿠스 아우렐리우스 치세에 이르러 절정에
이르렀으며, 그 전성기는 다음 세기 초반까지 활기차게 지속되었
다. 그러나 포르퓌리오스는 『플로티누스의 생애』에서 스토아학파
의 가르침은 260년경에 이미 사라졌다고 우리에게 알려주고 있
다. 스토아철학의 마지막 선생들은 우리에게 이름만 알려져 있는
데, 그 이름들은 포르퓌리오스가 전해준 것들이다. 아마도 267년
에 있었던 헤룰레스족에 의한 아테네의 함락이 스토아학파가 사
라지게 된 원인이었을 것으로 추정된다. 어쨌든 스토아주의의 가
르침은 사실상 제국 전체에서 사라졌다고 할 수 있다.

　실제로 다른 철학들도 그랬지만 스토아주의 또한 기독교와 뚜
렷한 경쟁관계에 놓이게 되었다. 사실 유대교와 마찬가지로 기독
교 역시 스토아주의의 많은 요소를 흡수했다. 하지만 그와 동시
에 이른바 이교도 철학들과 기독교적 현자들 사이에는 치열한 경
쟁이 펼쳐졌다. 신학자였던 오리게네스는 3세기에 한 편의 작품
을 저술했는데, 그 작품은 전체에 걸쳐 플라톤주의 철학자였던
켈수스라는 사람의 기독교 비판을 논박하는 것이었다. 오리게네
스는 켈수스의 문건에 나타난 한 대목을 인용하고 있는데, 거기

서 켈수스는 스토아 철학자인 에픽테토스가 그의 주인에게 고문을 당하면서 보여주었던 의연한 태도에 관해 다음과 같이 묘사하고 있다. "에픽테토스의 주인은 그의 다리를 고문했다. 그러자 그는 미동도 않고, 심지어는 엷은 미소를 띠며 이렇게 말했다고 한다. '주인님, 그러다 제 다리를 부러뜨리실 겁니다.' 이윽고 정말로 다리가 부러지자 또 말하기를, '거봐요, 제 다리를 부러뜨리실 거라고 말씀드리지 않았나요?' 당신들의 신이 고문을 당하면서 말했던 것은 그와 같은 것인가?"(『켈수스를 반박함』VII, 53. 이 일화는 아마도 허구일 것이다. 왜냐하면 에픽테토스는 날 때부터 절름발이였지 주인의 학대로 그렇게 된 것이 아니었기 때문이다.) 이러한 논쟁을 거는 의도는 명확하다. 즉 기독교의 현자와 스토아의 현자를 대립시키려는 것이다. 이는 복음서에서 예수가 "아버지, 가능하다면 저를 이 고난에서 벗어나게 해주소서"라고 말한 대목을 암시한다. 오리게네스에 따르면 이교도 철학자들은 이 대목을 그리스도가 비겁함을 드러낸 순간이라고 해석한다. 그리고 오리게네스는 그 밖의 여러 곳에서 이 비난에 답한다.[6] 하지만 이렇게 에픽테토스를 마치 이교도의 성인처럼 묘사한 대목은 현자의 지혜라는 점

---

6 오리게네스, 『켈수스에 반대함』VII, 56; *Exhr. Mart.*, 29; in *Matth.*, 92.

에서 스토아철학과 기독교가 경쟁관계였음을 증언해주는 것이라
할 수 있다. 이러한 경쟁관계에서 미래는 점차 기독교 쪽으로 기
울어지게 된다.

　수사가인 히메리우스의 보고에 따르면(『담론집』, XLVII, 23), 한
세기가 지난 뒤인 355/358년에도, 스토아주의 사상을 가르치는
것은 아테네에서 여전히 일반화된 문화의 한 부분을 이루고 있
었다. 하지만 그 시기 사람들은 더 이상 초기 스토아주의자들의
저술을 읽지 않았다. 물론 테미스티오스에 따르면, 그때까지도
크뤼십포스와 제논, 클레안테스의 작품 사본들이 콘스탄티노플
의 도서관에 남아 있었고, 황제 콘스탄티누스 2세가 설립한 필사
공방에서는 그것들이 소실되지 않도록 필사되고 또 보존되었다
(『담론집』 IV, 13, 60 B). 그러나 테미스티오스 자신도 지적하기를,
더 이상 그 텍스트들의 필사본들은 사적으로 존재하지 않았고,
황제의 공방에서 필사했던 그리 상태가 좋지 않은 사본들만이
마지막으로 남아 있었다. 그 텍스트들은 얼마 지나지 않아 사라
졌고, 오직 제국 시대의 스토아주의 텍스트들만이 살아남게 되
었다. 533/538년 무렵, 신플라톤주의자였던 심플리키우스는 『아
리스토텔레스의 「범주론」 주석』(p. 334, 1~3)에서 다음과 같이 쓰
고 있다. "오늘날 스토아주의의 가르침과 주요 저술들은 사라져
버렸다."

II.
계승과 혁신:
파나이티오스에서
세네카까지

—

로마 시대에 이르러 스토아주의는 일련의 전화와 혁신을 겪게 된다. 또 우리는 이 시기에 여전히 전통적인 저자들과 한결 더 혁신적인 저자들이 공존하고 있었음을 보게 되는데, 아레이오스 디뒤모스가 전자의 경우라면, 에픽테토스는 후자에 속한다고 할 수 있다.

거기에는 분명한 제도적인 이유들이 있다. 서기전 1세기 이래로, 그러니까 제논이 세웠던 학원이 그 기능을 멈춘 뒤로, 그때까지 학교의 장들이 보증해온 정통 학설을 지켜줄 제도는 더 이상 존재하지 않았다. 설령 교장이 크뤼십포스처럼 혁신적인 사람이었다 할지라도, 그는 학설을 일정 부분 보증해주었으며, 바로 그가 정통 학설의 공식적인 준거였다. 학교가 문을 닫으면서 그 준

—

거도 함께 사라진 것이다.

이 변화는 모든 철학 학파에 영향을 끼친 것으로서 큰 부분에 있어서는 의심할 여지 없이 철학 강의가 겪었던 진화의 한 단면을 설명해준다. 그 진화란 철학적 주석 작업에 대한 중요성의 증가였다. 당시까지 철학 선생들의 강의 방식은 어떤 주어진 문제에 대해 변증술적인 대화를 전개하는 것으로, 우리가 플라톤의 대화 속에서 얻게 되는 이미지와 비슷한 것이기도 했다. 또한 경우에 따라서는 강연을 통해 철학을 전개하기도 했다. 그러나 작품에 대한 설명은 거의 이루어지지 않았다. 철학자들의 초기 계승자들은 그럴 필요가 별로 없었다. 왜냐하면 매번 새로운 교장이 되는 사람은 이전 교장의 제자였기 때문이다. 하지만 철학의 스승들이 늘어나고 저마다 완전한 자율성을 갖게 되자, 오직 작품만이 권위를 얻게 되었다. 그렇게 해서 주석 작업은 가장 널리 퍼진 강의 방식이 되었으며, 에픽테토스 자신도 여전히 그 방식을 이용했다.[7] 그 작업이 초래한 결과를 한 가지 의미로 규정할 수는 없다. 선험적으로 보자면, 아마 그것은 학설의 보수화에 일정한

---

7 Pierre Hadot, 『고대철학이란 무엇인가?*Qu'est-ce que la philosophie antique?*』, Paris, 1996, pp. 232~237을 보라. 에픽테토스와 관련해서는 『담화록』 I, 10, 8; III, 21, 6~7; III, 23, 37을 보라.

기여를 할 수도 있었을 것이다. 하지만 실제로 각 저자는 그들이 주석을 다는 작품들에 대해 자유로운 재해석을 가할 수 있었고, 또한 그로부터 해석의 격차 역시 더욱 중요한 것으로 간주될 수 있었다.

학설의 진화를 크게 겪었던 첫 번째 시기는 학파가 아직 제도적인 형태로 존재하고 있었을 때다. 그 시기는 서기 2세기부터 3세기 중반까지로, 파나이티오스라는 걸출한 인물(그는 대략 서기전 129~서기전 110/109년 사망할 때까지 학원의 원장이었다)과 그의 제자인 로도스 출신의 헤카톤과 아파메이아 출신의 포세이도니오스가 학교를 주도하던 때이기도 하다. 이 시기를 종종 "중기 스토아주의"라고 부르기도 하는데, 이러한 구분은 학설의 진화 속에서 스토아주의가 플라톤주의에 접근하는 경향을 띤다는 생각에서 비롯된 것이다. 비록 "중기 스토아주의"라는 표현이 19세기의 학자들에 의해 만들어진 것이라고는 하지만, 파나이티오스와 포세이도니오스의 추동하에 스토아주의와 플라톤주의가 이론적 관련성을 맺게 되었다는 생각은 고대까지 거슬러 올라간다. 에피쿠로스주의자인 필로데모스(『헤라클라네움 파피루스: 스토아주의자들』, 61, 2~4)는 파나이티오스를 일컬어 "플라톤과 아리스토텔레스의 아마추어 애호가"라고 묘사하는데, 키케로 역시 그것을 확인해주고 있다(『최고선악론』 IV, 79). 갈레누스 역시 포세이도니오

스에 대해 같은 태도를 취하고 있다. 갈레누스에 따르면, 포세이
도니오스는 "플라톤을 경외했고 그를 '신적인 자'라고 불렀으며 영
혼의 상태와 능력에 관한 플라톤의 학설을 떠받들었다."(『히포크라
테스와 플라톤의 학설에 관하여』 IV, 421 = 포세이도니오스, 『단편』, T.
97) 갈레누스에 따르면, 영혼 문제와 관련하여 이러한 태도는 심
지어 "크뤼십포스 및 제논과 갈라서고, 플라톤의 학설을 찬양하
며 채택할 정도였다"고 한다(위의 책, V, 429 = 포세이도니오스, 『단
편』, T. 98). 그런가 하면 스트라본은 포세이도니오스가 아리스토
텔레스화되었다며 그를 비난했다(II, 3, 8 = 포세이도니오스, 『단편』,
T. 85).

증언들을 전체적으로 모아보면, 특히 키케로가 자신의 논고인
『의무론』에서 한 증언이 그렇듯이, 파나이티오스 역시 영혼을 두
부분, 그러니까 이성적인 부분과 비이성적인 부분으로 나누었던
것 같다. 이는 플라톤의 영혼 분할을 복권시키고 있는 셈이다. 그
러나 키케로가 보고하고 있는 표현은 그렇게 분명하지가 않다. 그
는 특히 "둘로 이루어진 영혼의 본성과 능력에 관하여" 말하고 있
는데, "그 한 부분은 영혼을 이리저리 휘두르는 충동 속에 자리
하며, 다른 한 부분은 해야 할 것과 피해야 할 것을 설명하고 가
르치는 이성 안에 자리한다"고 말한다(『의무론』 I, 101). 또 다른 증
언, 그러니까 테르툴리아누스가 『영혼론』(14, T. 128)에서 진술한

내용은 스토아주의적 전통에 한결 더 가까운 방식에 따라 영혼을 여섯 부분으로 나누고 있다. 따라서 파나이티오스가 정말로 영혼을 이성적인 부분과 비이성적인 부분으로 나누는 것을 지지했는지 여부는 분명치 않다. 오히려 훨씬 더 독창적인 점은 그가 이론적인 덕(아마도 지혜와 동일시되는 듯하다)과 실천적인 덕—의심할 여지 없이 용기, 정의, 절제[8]의 세 부분으로 나뉨에 분명하다—을 구별했다는 사실이다. 왜냐하면 이 구별은 아리스토텔레스가 덕을 지적인 덕과 실천적인 덕으로 구분했던 것을 받아들이는 것처럼 보이기 때문이다. 하지만 이때도 이 구분은 한층 더 전통적인 방식으로 해석될 수 있다. 파나이티오스의 공로로 인정할 수 있는 혁신은 또 있다. 그는 "변증술이 지닌 능란함들"을 인정하지 않았고, 자연학으로부터 철학을 시작했다(키케로, 『최고선악론』 IV, 79; 『생애』 VII, 41). 또 그는 영원회귀설을 거부했으며, 세계의 영원성 논제를 조롱했다(T. 131).

포세이도니오스에 관해 말하자면, 그는 플라톤의 『티마이오스』에 대하여 주석을 달았다(포세이도니오스, T. 85). 다만 그것이 『티마이오스』에 관한 하나의 독립적인 주석서였는지는 확실치 않

---

8 『생애』 VII, 92(파나이티오스, T. 67); 키케로, 『의무론』 I, 15~17(T. 56).

다. 만일 우리가 갈레누스의 말을 믿는다면, 영혼의 부분과 관련하여 포세이도니오스가 취한 입장은 플라톤주의의 입장과 가까웠다고 한다. 그는 크뤼십포스가 정념들의 기원을 완벽하게 설명하지 못했다고 평가하면서, 크뤼십포스에 맞서 "정념들이란 때때로 영혼의 욕구적 부분이 운동한 결과"라는 생각을 복권시켜야 한다고 봤다.[9] 생리학에 커다란 지위를 부여했던 체계이긴 하지만, 그 안에서도 특히 주목할 만한 점은 포세이도니오스가 정념들의 능력을 영혼의 부분으로 간주하기를 거부하고 그것들에 독립적인 자리를 제공하는 것이 아니라, 그것들을 동일한 실체로 간주한다는 사실이다. 갈레누스는 포세이도니오스가 크뤼십포스에 반대하면서 보여줬던 비판과 유보적인 태도들, 그리고 미묘한 차이들을 더욱 강화했을 가능성이 매우 높다.[10]

사실 파나이티오스와 포세이도니오스가 스토아주의에 플라톤적인 색나 아리스토텔레스적인 색채를 더했다는 식의 생각은 잘못된 것이다. 우선 우리는 타르소스 출신의 안티파트로스가 남

---

9 갈레누스, 「히포크라테스와 플라톤의 학설에 관하여」 V. 5. 8~26(포세이도니오스, 「단편」, F 169=LS 65 M); cf. V. 6, 22~26(「단편」, F 162=LS 65 Q); IV. 7, 24~42(「단편」, F 165=LS 65 P).

10 T. Tieleman, 「크뤼십포스의 「감응에 관하여」Chrysippus' "On Affections"」, Leiden, 2003, pp. 198~287을 보라.

긴 작품인 『유덕한 사람이 좋은 사람이라는 플라톤의 주장에 관하여』에서, 수많은 플라톤적 학설과 스토아주의 학설 간의 "조화"를 꾀하려 했던 그의 생각을 찾아볼 수 있다.[11] 파나이티오스가 영원회귀 사상을 거부했던 것도 일찍이 타르소스 출신의 제논과 시돈 출신의 보에토스가 품었던 의심을 통해서 이미 준비되었던 것이다. 다음으로 플라톤과 아리스토텔레스를 전거로 삼는 모습은 심지어 크뤼십포스에게서도 발견된다. 그는 자신의 저서 『변증술에 관하여』에서 변증술 분야에서 활약했던 선배들의 계보를 다음과 같이 훑고 있는데, 그들은 소크라테스, 플라톤, 아리스토텔레스, 폴레몬, 그리고 스트라톤(플루타르코스, 『스토아주의를 반박함』, 24, 1045 F)이다. 포세이도니오스가 플라톤의 『티마이오스』에 대한 주석서를 썼다는 것에 관해 말하자면, 그것은 이 대화편이 이미 제논의 자연학 이래로 명백한 중요성을 지니고 있었음을 간과해서는 안 된다는 것을 보여줄 뿐이다. 그럼에도 불구하고 파나이티오스와 포세이도니오스는 스토아주의가 일정한 변화를 겪고 있음을 증언해준다.

　　스토아학파의 변용은 세네카에게서도 마찬가지로 분명하게 나

---

11 알렉산드리아의 클레멘스, 『선집』 V, 14(*SVF* III, Ant. 56).

타난다(서기전 4~서기 65). 스페인 코르도바의 로마인 가정에서 태어난 세네카는 그저 철학자의 삶만을 살아간 것이 아니었다. 그의 경력은 (수사가였던 아버지 세네카처럼) 연설가이자 정치가에서 시작했고, 네로 황제의 스승이 되었으며(49~54년), 이후에는 장관이 되었고(54~62년), 이를 통해 그는 제국에서 가장 부유하고 강력한 사람이 되었다. 그러나 62년에 이르러 황제의 총애를 잃었으며, 피소Piso의 반역 음모에 가담했다는 이유로 네로의 명에 따라 자살을 강요당했다.

그는 철학 작품을 썼을 뿐만 아니라 비극을 쓰기도 했다. 세네카는 젊은 시절 스토아 철학자인 아탈루스와 피타고라스주의자였던 소티온에게 교육받았고, 유배지에서 처음으로 철학적인 글을 쓰기 시작했다. 그것들은 『위로들』로서 하나는 어머니인 헬비아를 위한 것이었고, 다른 하나는 클라우디우스 황제의 해방 노예였던 폴리비오스를 위한 것이었다. 그는 49년에 클라우디우스의 아내였던 아그리피나의 부름을 받았는데, 그녀는 그를 네로의 가정교사로 임명했다. 그가 남긴 첫 번째 주요 저작은 『화에 관하여』(약 52년경)인데, 이것은 48~55년 사이에 쓴 『인생의 짧음에 관하여』보다는 뒤에 오며, 64년에 쓴 『현자의 의연함에 관하여』『영혼의 고요함에 관하여』『여가』보다는 앞서는 작품이다. 다음으로 『관용에 관하여』(55년 12월 15일/56년 12월 14일), 『행복한 삶에 관하여』『선행에 관하여』가 있으며, 마지막으로 62년 실각 후에는 루키리우스에게 헌정한 『자연의 물음들』과 『루키리우스에게 보내는 편지』(64~65)를 썼다. 또 다른 작품인 『섭리에 관하여』의 경우에는 티베리우스가 사망한 때인 37년 3월 이후에 쓰였다는 언급 외에(4, 4) 구체적인 저술 시기는 알 수 없다.

이 논고들 대부분은 정치철학과 도덕철학의 문제들을 다루고 있다. 세네카는 철학을 세 부분으로 나눴던 스토아적인 구분 방식을 인정했다(『편지』, 89, 9). 하지만 그가 보기에는 윤리학이야말로 철학에서 가장 중요한 부분이었다(89, 18). 그는 논리학에 대해서 적잖이 회의적이었고, 다른 한편으로는 변증술보다 수사학을 더 높이 평가했다(82, 5~9; 19~20; 89, 17). 그렇지만 그는 자연학을 소홀히 하지 않았는데, 그 주제를 다룬 것으로는 『자연의 물음들』이 있다. 하지만 서문에서 세네카는 자연학의 기능을 분명하게 한정하고 있다. 즉 인간이 자연을 이해해야 하는 이유는 신에 대한 지식을 고양시키고 그에게 복종하기 위함이라는 것이다.

세네카가 독창적인 것 중 하나는 전통적인 스토아주의에 맞서 비교적 자유롭게 처신한다는 점이다. 이는 그가 플라톤주의나 아리스토텔레스주의와 같은 다른 관점을 스토아주의 안으로 수용한다는 주장을 통해, 또 그의 문체 자체를 통해, 그리고 개인적인 사색 취향과 모범에 대한 가치 부여를 통해서도 잘 나타난

다. 예컨대 그의 『편지』(89)와 같은 작품은 그가 지닌 철학적 방식
의 특징을 잘 보여준다. 그는 지혜와 철학이 어떻게 다른지를 소
개하기 위해, 지혜와 철학의 차이를 둘러싼 스토아주의자들의 다
양한 견해 차이를 소개한다(4~8). 다음으로 스토아학파가 행한
철학의 분류를 소개하기에 앞서 다른 모든 학파가 행한 철학의
분류를 소개한다(9~17). 그리고 마지막으로 도덕의 우월성에 관
한 자신의 고유한 견해를 제시한다. 그는 자신의 주장을 지극히
수사학적인 문체 속에서 전개하는데(18~23), 이는 앞의 대목에서
이루어졌던 개념 분석과는 구별되는 것이다.

세네카가 『편지』(92)의 초입에서 영혼의 지도적인 부분에는 이
성적인 것과 비이성적인 것이 있다고 썼을 때, 우리는 그에게서
스토아학파 영혼론의 플라톤적 변용을 발견하게 된다. 그 문장
을 두고 해석이 갈라지는데, 예컨대 어떤 학자들은 거기서 영혼
이분설을 보는 반면, 다른 학자들은 그것보다는 오히려 『화에 관
하여』(II, 3, 2)라는 논고에서 전개된 바 있는 좀더 고전적인 논제
를 발견한다. 그 논고에 따르면 정념은 영혼의 우연적인 운동들
에서 그 기원을 찾을 수 있는데, 그 운동들은 원래 물질적인 것
이지만 그것들과 마주하여 인간은 동의하는 능력을 보존하고 있
다는 것이다. 사실 세네카의 표현 방식(『편지』, 92, 1)이 그렇게 교
조적인 것은 아니다. 그는 다음과 같이 말하면서 글을 시작한다.

"자네는 나에게 동의할 걸세." 이는 자신의 주장을 마치 일종의 합의인 양 드러내는 식이다. 그리고 분명한 것은 그가 "비이성적인 것"과 "이성적인 것"이라고 언급하면서 사용한 표현 방식이 영혼의 부분들을 함축하지는 않는다는 사실이다. 세네카에 따르면, 반대로 그 두 가지 것들은 동일하게 영혼의 지도적인 부분에 속하는 것이기 때문이다. 하지만 그럼에도 세네카는 비이성적인 것이 이성에 종속된다고 말한다.

세네카는 그의 가장 독창적인 세 가지 개념을 세 편의 논고에서 전개했는데, 이는 의연함, 관용, 선행이다.

전통적인 스토아주의에서 의연함은 덕이 아니었다. 이를테면 키케로는 이 용어를 그리스어의 "에우파테이아*eupatheia*"(잘 감응하는 상태)를 번역하는 데 사용했다. 그러나 세네카는 이 용어를 조금 다른 방식으로 이해했고, 마치 덕의 고유한 성질처럼 받아들였다. 이 개념은 장차 역사적으로 커다란 중요성을 갖게 되는데, 르네상스 시대에 나타날 최초의 스토아주의적 성찰들이 이 개념으로부터 형성되기 때문이다. 의연함은 정념들에 대한 "무감동"과 외적인 나쁜 것들에 맞서 "견디는 것"으로 구성되어 있다.

관용이란 세네카에 따르면 군주의 덕이다.[12] 그리스어에는 이에 상응하는 개념이 없었으며, 이는 전통적인 스토아철학의 주제도 아니다. 반대로 관용은 제국의 황제를 선전하는 전통적인 주제였다. 관용에 관한 논고는 네로 황제에게 헌정된 통치 원리론이면서, 동시에 선전을 위한 작품이었다. 왜냐하면 네로가 클라우디우스의 아들인 브리타니쿠스를 암살했다는 소문이 돌면서 이미 로마의 지도층이 우려하기 시작했기 때문이다.

선행과 그 반대 개념인 감사나 사의는 고대 스토아주의자들에게는 중요한 주제로서, 크뤼십포스는 이것에 관한 논고를 쓰기도 했다. 하지만 그와 상관없이 선행은 세네카에게 있어서도 핵심적인 주제였다. 세네카가 보기에 선행은 사회적 관계의 기초가 된다.(우리는 로마 사회에 만연했던 귀족과 평민 간의 보호-헌신 clientélisme 관계를 생각해볼 수 있다.) 선행은 일종의 의무다(III, 18, 1). 그리고 선행을 받는 경우, 그것은 되갚아야 할 의무를 만들어낸다(II, 18, 5; 21, 2). 그것이 바로 감사로서 봉사를 제공해야 할 의무가 된다. 이는 가족으로 맺어지지 않은 두 개인 간의 관계를 공고하게 해주는 역할을 하는 셈이다.

---

12 "관용이란 누군가가 처벌을 내릴 수 있는 권력을 지닌 상황에서 자기를 다스리는 것으로 이루어진다. 혹은 아랫사람을 벌하고자 할 때, 윗사람이 갖는 너그러움이라고도 할 수 있다."(II, 3)

III.
스토아주의의 쇄신: 에픽테토스와 마르쿠스 아우렐리우스

—

스토아주의의 근본적인 쇄신은 다음 두 명의 대표자, 즉 에픽테토스(50/60~135년경)와 마르쿠스 아우렐리우스(121~180)의 출현과 함께 이루어진다.

에픽테토스는 프리기아의 히에라폴리스에서 태어났다. 히에라폴리스는 로마제국에 속한 지방으로 오늘날의 터키에 해당한다. 그가 노예로 태어났다는 것을 제외하고는 그의 출생에 관해 알려진 바가 전혀 없다. 정확히 언제인지는 알 수 없으나, 그는 주인인 에파프로디토스와 함께 로마로 온다. 주인 역시 해방 노예였으며, 그는 에픽테토스가 무소니우스 루푸스의 강의를 들을 수 있도록 허락한다. 94년, 도미티아누스 황제는 철학자들을 로마에서 추방한다는 칙령을 반포한다. 그리고 에픽테토스는 (그리스 북서부의) 에페이로스 지방에 있는 니코폴리스에 정착한다. 에픽테토스 자신이 회상하듯이(『담화록』 II, 6, 20), 그곳은 그리스에서 로마로 떠나는 여행객들이 배를 타던 항구도시였다. 따라서 배를 갈아타려던 여행객들은 종종 그의 집에 들렀다가 발길을 돌리곤 했다고 한다(III, 9, 14).

귀족 가문에서 태어난 마르쿠스 아우렐리우스는 삼촌인 안토니우스에게 입양되었는데, 이는 안토니우스 자신을 입양했던 아드리아누스 황제의 요구에 따른 것이었다. 그때부터 마르쿠스 아우렐리우스는 황제가 될 운명이었던 것이다. 146년, 그는 이전까지 프론토[13]에게 가르침을 받았던 수사학 공부를 거부하고, 그에게 에픽테토스의 작품을 소개해주었던 유니우스 루스티쿠스[14]에게 자극을 받아 철학에 전념하기로 결정한다. 161년, 그는 황제가 되었고, 처음에는 루키우스 베루스와 함께 통치하다가 169년 루키우스 베루스가 죽은 뒤에는 혼자 통치했다. 그의 치세 기간 중 일부는 평화 수립을 위한 전쟁들로 이루어졌다. 이는 동방의

---

13 마르쿠스 코르넬리우스 프론토(95~170년경). 로마의 문법가이자 수사가. 하드리아누스가 마르쿠스 아우렐리우스의 수사학 교사로 임명했다.—옮긴이

14 유니우스 루스티쿠스(100~170년경). 마르쿠스 아우렐리우스의 교사들 중 한 명으로 당대 최고의 스토아 철학자로 알려져 있다.—옮긴이

파르티아인들(161~166) 혹은 북방의 콰디인들과 게르만인들 그리고 사르마테스인들[15]을 상대로 수행된 것이었다. 비록 그가 "플라톤의 『국가』를 바란 것"은 아니었지만(IX, 29), 그의 치세는 플라톤이 소망했던 철인왕을 구현한 것이었다. 180년, 그는 새로운 군사원정의 와중에 병으로 사망했다.

에픽테토스의 작품으로 우리에게 남아 있는 것은 네 권의 『담화록』(원래는 총 여덟 권이었을 것이다)과 52개의 짧은 장章들로 구성된 『엥케이리디온』[16]이다.(그 가운데 제29장은 가필된 부분이다.) 『담화록』과 『엥케이리디온』은 에픽테토스가 기록한 것이 아니라, 제자인 아리아노스가 그의 강의를 들으며 필기한 것들을 기록한 것이다. 『담화록』에 수록된 편지글 형식의 「서문」에서 아리아노스는 누군가가 자기 몰래 자신이 기록한 노트들을 출판해버렸다고 말하고 있다. 이런 유형의 머리말은 고대의 저자들이 그들의 스타일을 변명하기 위하여 종종 사용하던 방식이었다.[17] 그러므로 그 일화는 순수한 허구일 수도 있지만, 또한 사실일 수도 있다. 어쨌든

---

15 스키티아 지방 사람들.—옮긴이

16 직역하면 "손kheir 안의en 작은 책(–ion은 지소사다)"이란 뜻으로, 가까이 두고서 읽는 교본manual 내지는 간단한 입문서introduction를 의미한다.—옮긴이

17 예컨대 오비디우스, 『트리스티아』 I, 15를 보라.

『담화록』을 쓰는 데 아리아노스가 어느 정도까지 개입했는지에 대해서는 아무것도 확실한 게 없다. 그것들은 어쩌면 단순한 노트일 수도 있지만, 공들여 서술된 한 편의 작품일 수도 있다. 이 작품은 고대에 종종 『회상』이라는 제목으로 알려지기도 했다. 『회상』은 소크라테스의 제자였던 크세노폰이 스승을 기리며 쓴 작품의 제목이었는데, 한때 아리아노스는 크세노폰과 동일시되기도 했기 때문이다. 이와 달리 『엥케이리디온』의 집필 성격, 즉 에픽테토스의 주요 사상을 아리아노스가 요약한 것이라는 점에 대해서는 의심의 여지가 없다.

마르쿠스 아우렐리우스로부터 우리에게 남아 있는 것은 열두 권으로 이루어진 『자기 자신을 위한 글瞑想錄』이다. 열두 권 가운데 첫 권은 아우렐리우스가 지인들 및 신들에게서 받은 것에 대한 일종의 대차대조표다. 반면에 나머지 권들은 성찰적인 글로 이루어져 있다. 에픽테토스에게 깊은 영향을 받은 이 작품은 원래 출판을 목적으로 쓰인 것이 아니라, 저자 자신이 수련에 활용할 목적으로 기록한 것이다.

에픽테토스의 강의는 크게 두 부분으로 진행되었다. 학생은 스토아학파의 작품을 읽고 주석을 하거나, 때에 따라서는 가설적 추론과 같이 아주 전문적인 주제를 정하여 발표한다(『담화록』 I, 10, 8; I, 26, 1; II, 14, 1; III, 23, 37). 에픽테토스는 학생이 한 주석 또는 발표를 다시 취하고, 청중들의 질문에 답하면서 자유롭게 토론을 이끌어나간다. 『담화록』에 수록된 것은 바로 이 두 번째 부분이다. 또 때로는 에픽테토스와 그를 방문하거나 그에게 조언을 구하는 청중 가운데 한 사람과의 토론을 다루기도 한다(I, 11; II, 2; II, 4; II, 14; III, 1; III, 4; III, 7; III, 9).

에픽테토스는 무엇보다도 윤리적인 물음들을 주로 다루었다. 물론 자연학과 관련된 문제도 몇 가지 있었는데, 가장 빈번하게 다루어진 것은 섭리에 관한 문제였다. 그는 신학적 관점에서 운명보다는 섭리를 선호하여 이를 주장했다. 그는 논리학의 중요성을 전적으로 인정하면서도(cf. I, 7; I, 17), 그것에 대한 연구가 시급한 것은 아니라고 강조했다(I, 8; II, 13, 21~27; II, 19; III, 2; III, 26, 15~20). 그는 동의를 숙달하는 일에 몰두하기에 앞서 "다른 분야의 훈련을 완수해야 한다"고 분명하게 언급하고 있다(III, 2, 8). 그런데 이러한 동의의 훈련은 윤리학의 기초를 이해하는 데 필요한 최소한의 논리적인 지식들을 가리키는 것이 아니다(cf. I, 17, 4~8). 반대로 그에 따르면, 그것은 논리학의 숙달과 정교화를 가리키며, 이는 높은 경지에 오른 철학자에게나 예약된 일이었다.

그의 윤리학은 초기 스토아학파의 윤리학이나 그와 거의 동시대인이었던 히에로클레스의 윤리학과 달리 "적응" 이론에 기반하지 않고,[18] 자연학과 영혼론의 관점에 기반한다. 에픽테토스는 우

리에게 달린 것과 우리에게 달리지 않은 것의 구별에 기반하여
좋은 것과 나쁜 것을 구별한다. 그리고 우리에게 달린 것을 영혼
의 능동적인 능력—즉 동의, 충동, 욕망—으로 환원시킨다. 그
능력들에서는 그가 "우리의 선택 능력*probairesis*"이라고 부르는 것
이 작용한다. 그는 좋음과 나쁨에 관하여 전통적으로 스토아 윤
리학의 가장 근본적인 것으로 간주되어온 논제를 계속해서 설파
한다. "존재하는 것들 가운데 어떤 것들은 좋은 것들이고, 또 어
떤 것들은 나쁜 것들이며, 또 다른 것들은 무관한 것들이다. 덕
들 및 덕에 참여하는 것들은 좋은 것들이다. 그와 반대되는 것들
은 나쁜 것들이다. 부나 건강, 명성은 무관한 것들이다."(II, 9, 15)
그러나 그는 "좋음의 본질, 그것은 특정한 성질을 선택하는 것"이
라고 강조하기를 선호한다.[19] 선택이 좋음과 나쁨의 본질을 구성
하는 반면, 외적인 것들은 이 선택을 위한 재료들일 뿐이요(I, 29,
2), 따라서 좋지도 나쁘지도 않다. 그것은 전통적으로 무관한 것
들이다. 에픽테토스는 II권 9장 15절에서 무관한 것들에 대한 전
통적인 스토아 철학자들의 목록을 다시 언급하고 있는데, 사실

---

18 적응에 대한 암시는 그의 작품 속에서 매우 드물게 나타난다(I, 19, 15; 『엥케이리디온』,
30). A. Long, 『에픽테토스*Epictetus*』, Oxford, 2002, 7장을 보라.

19 I, 29, 1; cf. I, 8, 16; IV, 5, 32; I, 25, 1~4; II, 1, 5~6; II, 16, 1; III, 3, 8; IV, 10, 8; IV, 12, 7.

그 목록은 그가 선택의 바깥에 놓여 있다고 말한 것의 목록과도 일치한다. 특히 재산, 명예, 신체, 건강이 그렇다. 이렇듯 유일한 좋음으로서의 선택과 덕이 서로 대체되거나 또는 동등하게 취급되는 것은 중요하다. 왜냐하면 우리에게 달린 것이 오직 우리 선택이 작용하게 되는 영혼의 활동을 통해서만 구성될 때, 에픽테토스는 철학의 활동이 수행되는 세 가지 주요 영역들을 바로 그 활동들로부터 확보할 수 있게 되기 때문이다. 그렇게 해서 에픽테토스의 철학은 자연학과 영혼론을 중심으로 구성된다. 왜냐하면 능동 능력들은 좋은 것과 나쁜 것 그리고 무관한 것들 간의 차이를 규정하고, 세 가지의 주요 철학적 실천들을 구성하기 때문이다.

에픽테토스는 외적인 대상이 찍힌 인상인 수동 능력, 즉 표상과 능동적인 능력인 "표상들의 사용"을 대립시킨다. "이러한 표상들의 사용은 영혼의 세 가지 활동으로 이루어진다. 그것들은 충동과 반동, 욕구와 거부, 그리고 준비, 계획, 찬동 행위다."(IV, 11, 6) 『엥케이리디온』(2, 1)에 따르면, 욕구와 거부는 "원하는 것을 얻고, 원치 않는 것을 피하도록" 도모한다. 그것들은 좋은 것과 나쁜 것을 대상으로 삼는다.[20] 충동과 반동은 전통적인 방식으로는 인간의 행위를 지배하는 것으로 이해되었는데, 에픽테토스에게 있어서는 행위 및 의무와 연결된 것들이다(cf. II, 17, 15; II, 17, 31;

III. 2. 2~4). 마지막으로 찬동은 참을 인정하고 거짓을 인정하지 않는 것으로 이루어지며, 불확실한 것 앞에서는 유보된다(I. 18. 1).

이 세 가지 능력 간의 관계는 복합적이다. 왜냐하면 동의는 일정한 방식으로 모든 유형의 표상들에 대해 작용하는 것처럼 보이며, 결과적으로 우리가 욕구와 충동을 다스리기 위해서는 우리의 동의를 다스려야 하는 것처럼 보이기 때문이다. 『엥케이리디온』(1. 5)에 따르면, 고통의 표상에 대하여, "너는 그저 하나의 표상을 지닐 뿐이다!"라고 말할 수 있어야 한다. 마찬가지로 우리는 즐거운 표상에 대해서도 저항할 줄 알아야 한다.[21] 에픽테토스와 마르쿠스 아우렐리우스는 이어서 객관적인 표상("그의 아들이 죽었다" "그는 투옥되었다")과 가치판단("그에게 불행이 닥쳤다")을 구별해야 한다고 주장한다.[22] 그러므로 우리는 욕구나 충동이, 마치 고전 스토아주의에서처럼, 동의를 전제하고 있다는 인상을 받게 된다. 그러나 에픽테토스의 관점은 차라리 각 유형의 표상에 각각 다른 반응이 대응한다는 쪽이다. 즉 좋은 것과 나쁜 것의 표상에

---

20 초기 스토아주의에서 "오렉시스orexis"(원함, 욕구)는 충동의 형태로 간주되었다(93쪽의 표 2를 보라). 그러나 에픽테토스의 경우는 다르다. 또한 에픽테토스의 오렉시스는 초기 스토아주의에서 "욕망"을 뜻하는 "에피튀미아epithunia"와 혼동되어서도 안 된다.

21 "만일 네가 귀여운 소녀를 본다면, 너는 그 표상에 저항할 수 있는가?"(III. 2. 8)

22 III. 8. 5. cf. P. Hadot, 『내면의 성채La Citadelle intérieure』, pp. 119~129.

대해서는 욕구와 거부가 작용하는 반면, 참이나 거짓 표상에 대해서는 동의가 작용하며, 마찬가지로 우리가 완수해야 할 행위를 마음속에 떠올릴 경우에는 충동과 반동이 작용한다는 것이다. I권 18장 1~2절에서 에픽테토스는 "어떤 것"이라는 인상과 "어떤 것이 유용하다"는 인상을 분명하게 구별한다. 첫 번째 유형의 인상은 동의를 이끌어내고, 두 번째 유형은 욕구를 이끌어낸다. 또한 두 번째 유형은 욕구에 의해 하나의 판단으로서 나타난다. 즉 "어떤 것이 유익하다고 판단하고, 다른 것을 선택한다는 것은 불가능하다"는 말이다. 그러므로 우리는 표상에 대해서 사물인 인상과 그 사물이 좋거나 나쁘다는 인상으로 세분할 필요가 있다. 전통적으로 스토아주의자들은 이 두 경우에 동의가 작용한다고 말했을 것이다. 에픽테토스는 이 두 경우에 선택이 작용하며, 동의는 그중 첫 번째 경우에 작용한다고 말하는 쪽을 선호한다.

이 모든 심리적인 작용들은 사실 선택적인 활동들, 다시 말해 선택을 요하는 활동들이다(cf. I, 17, 21~24). 그렇기 때문에 에픽테토스는 이 세 가지 작용이야말로 현자가 되고자 하는 사람들이 수련을 쌓아야*askêthênai* 하는 세 가지 영역들*topoi*이라고 단언한다.[23] 그런 식으로 에픽테토스는 철학이 지혜를 얻기 위한 수련이라는 스토아학파의 전통적인 생각을 다시 취한 셈이다. 하지만 그는 이 세 가지 수련을 영혼의 세 가지 활동에 대한 수련으로 환원한다. 피에르 아도에 따르면, 마르쿠스 아우렐리우스와 마찬가지로, 에픽테토스에게 있어서 이 세 영역은 전통적인 스토아철학의 세 부분과도 일치한다. 즉 동의를 다루는 학과는 논리학에 대응되고, 충동을 다루는 학과는 윤리학에 대응되며, 욕구를 다루는 학과는 자연학에 대응된다는 것이다.[24] 이러한 동일시가 논리학 혹은 차라리 변증술을 위한 것이라는 점은 두말할 나위 없이 분명하다. 왜냐하면 에픽테토스는 덕으로서의 변증술과 관련된 전통적인 용어들을 취하는 가운데 그것을 일반적으로 기술하고 있기 때문이다. 변증술은 충동을 다루는 학과와 윤리학을 동일시하는 데 있어서 거의 아무런 문제도 제기하지 않는다. 그러나 욕구를 다루는 학과와 자연학이 쉽게 동일시되지는 않는다. 에픽테토스는 이 학과가 우리 욕구와 반감을 "자연에 부합하게" 놓는 것으로 이루어진다고 딱 한 번 말했을 뿐이다(I, 21, 1~2). 이러한 동일시는 마르쿠스 아우렐리우스에 가서 더욱 명확해진다. 그에 이르면 자연에 순응하는 것이 욕구를 다루는 학과의 대상

---

23 III, 2, 1~6; 또한 (다른 것들 가운데서도) I, 4, 11~12; II, 17, 14~17; III, 12; III, 22, 104를 보라. 우리는 이 세 가지 주제를 마르쿠스 아우렐리우스에게서 다시 한번 보게 되는데, 특히 VII, 54; VIII, 7; IX, 6을 보라.

24 P. Hadot, 『내면의 성채』, pp. 106~115.

으로서 한결 더 분명하게 드러나기 때문이다(IV, 33; VIII, 7). 마찬가지로 마르쿠스 아우렐리우스는 종종 덕들을 이 세 학과와 동일시하기도 한다. 예컨대 진리는 동의를 다루는 학과, 절제는 욕구를 다루는 학과, 그리고 정의는 행위를 다루는 학과와 동일시하는 식이다.[25] 반면 마르쿠스 아우렐리우스는 "선택" 개념에 대해서는 완전히 포기한다.[26]

이 "선택적인 행위들"이 우리에게 달린 것임을 강조하면서(I, 22, 10), 에픽테토스는 고전 스토아주의와 비교하여 주요하게 변화된 내용을 세 가지로 소개하고 있다.

첫 번째 변화는 그가 "선택"에 부여한 새로운 역할이다. 이 개념은 고전 스토아주의에서는 부차적인 역할, 즉 주로 실천적인 충동의 형식으로서만 드러날 뿐이었다.[27] 이와 반대로 아리스토텔레스에게서는 이 개념이 매우 중요한 역할을 수행한다. 즉 이는 덕을 정의하는 데서 드러나는데, 그가 보기에 이 개념은 "우리에게 달린 것들(즉 우리가 어떤 구체적인 능력을 행사할 수 있는 것들)

---

25 『내면의 성채』, pp. 249~255; 마르쿠스 아우렐리우스, IX, 1.

26 우리는 이 개념을 XI, 36에서만 발견할 수 있을 뿐이다. 그나마도 에픽테토스의 인용으로서만 언급되고 있다.

27 스토바이오스, 『선집』 II, 7, 9a, p. 87, 14~22 W(SVF III, 173).

에 대한 숙고를 통하여 그것들을 욕구하는 것"에 해당된다.[28] 에픽테토스는 선택과 우리에게 달린 것 사이의 관계를 뒤집는다. 그에게 있어서 우리에게 달린 유일한 것은 우리 자신이 행하는 선택이다. 그 결과 선택은 나와 동일시되며, 외부의 것들과 대립된다. 그것은 유일하게 강제되지 않은 것이며,[29] 그것에 대해서는 제우스 자신도 강제할 수 없는 것이다(I, 1, 23).

　　두 번째 변화는 그가 확립한 우리에게 달린 것과 우리에게 달리지 않은 것 사이의 대립에 있다. 이미 초기 스토아주의자들은 동의가 우리 능력에 놓인 것이라고 주장하고 있었다. 하지만 에픽테토스는 거기에다 영혼의 다른 작용들까지 추가한다. 또한 초기 스토아주의에서는 이 개념이 운명에 관한 이론의 맥락 안에서 결정론과 인간의 책임을 화해시키기 위한 것으로 나타난다. 반면, 에픽테토스에게서 이 개념은 그러한 구별에 아무런 역할도 하지 않는다. 그것은 그저 좋음과 나쁨을 구별하는 데 사용될 뿐이다.

　　세 번째로 강력한 결과는 에픽테토스가 선호할 만한 것들에 대해서는 더 이상 언급하지 않는다는 점이다. 영혼의 작용들과

---

28 아리스토텔레스, 『니코마코스 윤리학』, III, 5, 1113a, 9∼11.

29 그것은 엄밀히 말하면 자유롭지 않다. 왜냐하면 "오직 모든 것이 자신의 선택과 부합하는 사람만이 자유롭기 때문이다."(I, 12, 9)

관련하여 수련에 속하지 않는 모든 것은 좋음과 나쁨의 질서에도 속하지 않으며, 우리에게 달리지 않은 것으로 보내진다. 그런 식으로 에픽테토스는 초기 스토아주의의 엄격함을 완화시켜주는 선호할 만한 것들의 개념을 포기하는 듯 보인다. 가족과 물질적인 부와 건강이 무관심 속으로 보내졌던 것이다.

그렇지만 이러한 엄격함은 그저 현상적인 것일 뿐이다. 왜냐하면 욕구를 다루는 학과와 충동을 다루는 학과 간의 분절이 좁으며, 이타적인 사랑에 새로운 여지를 제공하기 때문이다. 우리가 욕구와 혐오를 다스리고 올바른 방식으로 충동과 반동을 다스리기만 한다면, 우리는 마땅한 방식으로 타인과 함께 살아갈 수 있을 것이다. 욕구들은 우리 판단을 흐리게 하며, 우리 의무를 잊게 만든다. 오직 그것들로부터 벗어날 때만, 우리는 전적으로 공평하게 행동할 수 있다. 물론 그 목적은 마치 우리를 "조각상처럼" 무감각하게 만드는 데 있지 않다. 반대로 그것은 우리가 "우리의 자연스러운 관계들 혹은 경건한 사람, 아들, 형제, 아버지, 시민이 획득해야 할 것들에 주의하도록" 만드는 데 있다(III, 2, 4). 한 가정의 아버지가 있었는데, 그는 자기 자식들에 대한 애정이 매우 강했다. 하루는 딸이 병에 걸리자, 그는 너무나도 슬픈 나머지 딸의 곁에 머물지 못하고 그녀가 회복될 때까지 멀리 도망쳐 있었다고 한다. 에픽테토스는 그 사람에게 그의 행동이 잘못되었으며,

그의 애정은 탈선에 불과한 것이었음을 보여준다(I, 11, 4). 이는 타인에 대한 소유가 우리가 아무 관심도 두지 않는 무관한 것으로서 거부되기 때문이 아니다. 관계들이란, 그것들이 (부모, 형제, 자매처럼) 자연적인 것이든, 아니면 (우리가 이루게 되는 가족이나 친구, 우리 동포처럼) 살아가면서 획득하는 것이든 간에, 우리가 타인과 마주하며 지게 되는 의무들을 규정한다.[30] 그러므로 외적인 것들과 마주하여 욕구나 반감을 포기한다고 해서 그것이 무감각이나 무기력을 야기하는 것은 아니다. 그것은 합리적인 감각 능력의 조건인 동시에, 우리의 의무를 완수하기 위한 조건이기도 한 것이다.

---

30 II, 10; cf. 『엥케이리디온』, 30.

Le stoïcisme

제3장

스토아주의의

후 손 들,

그리고 현재성

I.
스토아주의의
유산

—

3세기에 이르러 스토아주의의 가르침은 사라진다. 하지만 그 가르침이 사라지기 이전에, 스토아적 유산의 많은 부분은 과거 스토아주의가 지녔던 여러 가지 측면을 유지한 채로 문화 일반 속에 보존되었다.

먼저 스토아주의의 철학적인 기원과는 별개로 분리되어, 독자적인 학과의 형태로 보존된 것들이 있다. 문법학과 논리학이 그런 경우다. 학과로서 문법학은 스토아적 유산의 상당 부분을 통합했다. 예를 들어, 고유명사와 일반명사의 구별과 같은 것은 스토아주의자들이 행했던 이름과 명명 사이의 구별을 물려받은 것이다.[1] 그리스에서 가장 유명한 문법학자인 아폴로니오스 디스콜로스(서기 2세기)의 경우, 그는 비록 스토아학파와는 자주 입장을

—

달리하긴 했지만, 그 자신도 스토아학파로부터 많은 영감을 받았
다고 스스로 인정하고 있다(『접속사에 관하여』, 214, 2). 논리학의
경우, 스토아주의자들의 추론 형식들, 특히 크뤼십포스가 말한
"증명되지 않은 것들" 역시 "가언" 삼단논법 또는 "조건" 삼단논법
이라는 이름 아래 고대 논리학 속으로 통합되었는데, 이것은 소
요학파와 스토아학파의 논리학을 섞으려는 경향을 띤 통합적인
논리학이었다.

스토아주의의 또 다른 몇 가지 측면들 및 스토아주의에 인접
한 몇몇 학설은 또한 전통 의술에도 보존되어 있다. 스토아 자연
학과 의술은 공통적인 논쟁거리들을 가지고 있는데, 그것들은 원
인들, "영혼의 지도적인 부분들,[2] 심리적인 과정들, 씨앗들, 그 밖
에 유사한 것들"이다. 스토아주의자들과의 논증은 의학적 반성을
구성하는 전체 가운데 일부가 되었다. 예컨대 우리는 태아가 "배
의 한 부분"이라는 스토아주의자들의 주장을 인용할 수 있는데,

---

1 본문 51쪽을 보라.

2 스토아주의자들은 의학 연구의 진보와 관련해서는 조금 늦은 편에 속한다. 헤로필로스가
신경계의 발견을 통해 뇌를 지성의 중심이라고 주장할 수 있었던 데 반하여, 크뤼십포스
는 여전히 헤로필로스의 해부학적인 발견을 결정적이지 않은 것으로 간주했다. 또 갈레누
스에 따르면(『히포크라테스와 플라톤의 학설에 관하여』 I, 7), 그는 여전히 헤로필로스의
스승이었던 프락사고라스가 주장했던 심장중심주의의 입장을 지지하고 있었다.

이 주장은 고대의 많은 의사 및 로마의 법률가에게 영향을 끼쳤다.[3] 심지어는 "동물의 정신"에 대해 데카르트가 내린 정의(『정념론』, 10) 역시 일정 부분 스토아주의적인 흔적을 담고 있다.

마찬가지로 스토아 신학의 일부는 유대-기독교에 흡수되기도 했다. 스토아학파의 로고스는 신이자 능동 원리로서 구약성서와 신약성서의 "말씀"과 빠르게 동일시되었는데, 이때의 "말씀" 역시 "로고스"로 옮겨졌다. 스토아주의의 숨결은 점차 비물질화하면서 성령과 동일시되었다. 또한 그리스 신학에 대하여 스토아주의자들이 수행했던 우의적 해석은 알렉산드리아의 유대인들 및 기독교도들에 의해 받아들여졌는데, 그들은 성서를 글자 그대로가 아닌 방식으로 해석하고자 했다.[4] 마지막으로 기독교 수도원에서는 종종 스토아적인 삶의 규칙들을 받아들이곤 했다. 예컨대 우리는 에픽테토스의 『엥케이리디온』에 대한 기독교적인 적용 사례를 다수 찾아볼 수 있다.

스토아주의가 확산된 또 다른 방식은 문학작품으로의 침투였

---

3 『로마대법전』, 25. 4. 1. 1. 그러한 입장은 낙태 권리의 기반이 된다. cf. E. Nardi, 『그리스 로마 세계에서의 낙태 주장Procurato aborto nel mondo greco romano』, Milan, 1971, p. 145 이하.

4 포르퓌리오스는 오리게네스가 받았던 스토아적 영감에 대해 증언하고 있는데, 이에 관해서는 에우세비오스, 『교회사』 VI. 19. 4~8을 보라.

다. 그것의 가장 오래된 사례는 아라토스의 『현상들』이다.[5] 고대 로마의 시인인 호라티우스의 경우(서기전 65~서기전 8), 비록 그가 스토아주의자는 아니었지만, 그 역시 때로는 비판을 위해서, 하지만 때로는 스토아주의에 동조하는 듯한 모습을 보이면서, 스토아주의적 학설의 여러 측면을 전달했다. 또 다른 시인들은 분명하게 스토아주의자들이었는데, 예컨대 코르누투스의 제자였던 페르시우스(34~62)와 루카누스(39~65)가 그들이었다. 세네카는 비극을 쓰기도 했다. 마지막으로 지리학자인 스트라본은 자기 자신을 스토아주의자로 간주했다.

---

5 본문 28쪽의 주14를 보라.

II.
유스투스 립시우스와 학자들의 스토아주의

—

문예부흥을 특징지었던 그리스 철학과 문학의 재발견 운동은 당
연하게도 스토아학파를 포함하고 있었다. 이미 1532년에 칼뱅은
에라스뮈스가 1529년에 편집한 세네카의 『관용론De Clementia』에
대한 주석을 달았다. 하지만 스토아주의의 재발견을 기념할 만한
것은 무엇보다도 유스투스 립시우스가 1584년에 안트베르펜에서
출판한 『의연함에 관하여De Constantia』[6]와 기욤 뒤 베르가 1585년
에 파리에서 출판한 『스토아주의자들의 도덕철학』이었는데, 이것
은 스토아적인 도덕을 기독교에 적용하고자 모색하는 작품이었

---

[6] 우리말로는 『항심恒心에 관하여』로 소개되어 있기도 하다.—옮긴이

다. 바로 이어서 립시우스는 (논리학을 제외한) 스토아 체계 전체를 설명하려는 임무에 전념하게 되는데, 이는 1604년에 출판된 『스토아철학 교본』과 『스토아 자연학』에서 시도된다. 물론 그의 작업은 한계를 지닐 수밖에 없었다. 그는 원전 자료를 고착시켰고, 그것은 향후 두 세기 동안 바뀌지 않았으며, 무엇보다도 그의 스토아주의는 종종 플라톤화되고 기독교화된 것이었다. 예컨대 그는 질료 안에서 악의 기원을 보았던 신플라톤주의자들의 논제를 스토아 철학자들에게 부여했다.[7] 그러나 사람들이 스토아주의를 재발견할 수 있었던 것은 바로 그의 덕분이라는 사실을 우리는 인정할 수밖에 없다.

19세기에 들어서야 스토아주의에 대한 연구는 단편들에 대한 최초의 편집과 더불어 진화하게 된다. 최초의 편집본들은 바케Bake와 바게Baguet의 것들로서 전자는 1810년에 라이덴에서 포세이도니오스의 편집본을, 후자는 1822년에 루뱅에서 크뤼십포스의 편집본을 출판한다. 가장 활발했던 시기는 19세기 후반으로, 박스무트에 의해 제논과 클레안테스의 편집본(괴팅엔, 1874)과 함께 다른 네 종의 편집본이 1886~1905년 사이에 출판됐다. 그것

---

7 립시우스, 『생리학』 I. 14; 라이프니츠, 『변신론辯神論, Théodicée』, § 379.

들은 파울러가 편집한 파나이티오스와 헤카톤의 편집본(1885), 알프레드 게르케의 『크뤼십포스 단편들*Chrysippea*』(1886), 알프레드 칠톤 피어슨의 『제논과 클레안테스의 단편들』(1891), 마지막으로 기념비적인 작품이라 할 수 있는 한스 폰 아르님의 『초기 스토아 주의자들의 단편들』(1903~1905)이다.

아르님의 작업은 스토아학파 연구의 필수 불가결한 준거가 되었으며, 그 지위는 1987년 스토아 논리학에 대한 카를하인츠 휠저의 새로운 편집본인 『스토아학파의 변증술 단편들*Die Fragmente zur Dialektik der Stoiker*』이 나올 때까지 이어진다. 그러나 스토아주의에 대한 연구는 이미 1950년대 초반에 벤슨 메이츠의 책인 『스토아 논리학*Stoic Logic*』(1953)과 함께 새로운 해석의 전기를 마련하게 되는데, 이 책은 스토아 논리학에 관한 연구를 새롭게 했던 얀 우카시에비치(1878~1956)[8]의 선구적인 논문에 영감을 받은 것이었다. 그다음으로 들 수 있는 것이 롱과 세들리의 모범적인 작업인 『헬레니즘 철학자들』(1987)로서, 이 책은 헬레니즘 철학 단편들에 대한 선집選集과 주석의 형태를 띠고 있으며, 오늘날 스토아주의 연구에 가장 널리 사용되고 있다.

---

[8] J. Łukasiewicz, "명제논리학의 역사에 대한 기여Contribution à l'histoire de la logique des propositions"(1934), dans J. Largeau(éd.), *Logique mathématique, Textes*, Paris, 1972, pp. 10~25.

III.
르네상스부터
18세기까지의
"신스토아주의"

—

문예부흥기에 스토아주의의 쇄신은 학자들의 작업과 거의 분리될 수 없었다. 그리고 이는 스토아주의를 반대하는 자들의 경우에도 마찬가지였다. 사람들이 나중에 "신新스토아주의"라고 부르게 되는 것은 고대 스토아주의를 재발견했던 학자들의 업적이었다. 신스토아주의를 지배했던 한 가지 특징은 고대 스토아주의와 기독교 간의 화해를 모색하려는 경향이었는데, 사실 이런 특징은 스토아철학에서 결정론이 갖는 중요성을 감안한다면 놀랄 만한 것이다. 인간의 자율성을 주장하고 있기 때문이다. 하지만 이런 모습은 영혼의 고요함과 의연함이라는 주제가 지닌 중요성을 부각시킴으로써 부분적으로나마 설명 가능하다. 이 점과 관련하여, 스토아주의의 쇄신 운동은 칼뱅과 에라스뮈스에 의해 시작되

—

었던 문헌학적 쇄신보다 한 세기가량 앞선 것이다. 왜냐하면 우리는 이미 1441년에 알베르티가 쓴 『영혼의 고요에 관하여』에서 그러한 쇄신을 발견할 수 있기 때문이다. 종교 전쟁으로 인한 혼란은 이 주제가 갖는 중요성을 더욱 강조할 뿐이었다. 스토아주의는 그때부터 혼란의 시기를 견뎌낼 수 있는 도덕의 모습으로 나타나기 시작한다. 현자는 그 한복판에서 정념과 공포로부터 자신을 해방시켜야 한다. 스토아주의가 혼란에 빠진 사람을 자유롭게 해주는 방식은 그를 운명에서 빠져나오게 하는 능력과 동일시되며, 그 결과 스토아주의는 마치 자유로운 심판자의 철학과 같은 모습으로 나타나게 된다. 이런 사실을 고려한다면, 칼뱅이 스토아주의를 점차 적대시하게 되었다는 사실은 놀랍지 않다. 왜냐하면 그는 이 학설이 "구원 예정설"[9]과는 양립할 수 없다고 파악했기 때문이다. 그러므로 신스토아주의는 의연함만을 추구하는 윤리학에다 자신을 한정시키지 않는다. 그것은 결정론과 자유에 대한 반성들에서 떨어질 수 없기 때문이다. 그리고 이런 반성들을 통해서, 설령 일정한 수정이라는 대가를 치른다 하더라도, 스토아주의의 전 체계가 복구될 수 있었던 것이다. 하지만 바로 그런

---

9 혹은 "구령救靈 예정설prédestination"이라고도 한다. 영혼의 구원이 신에 의해 이미 정해져 있다는 학설이다.—옮긴이

수정들을 통해 우리는 엄밀히 말해 신스토아주의를 만나게 된 셈이다.

17세기와 18세기에 스토아주의의 확산은 더 이상 학자들만의 일이 아니었다. 때로는 스토아주의가 지닌 복잡한 체계를 포기하면서 그 확산이 이루어지기도 했다. 18세기의 위대한 두 명의 프랑스 철학자 데카르트와 파스칼은 스토아주의자가 아니었지만, 두 사람에게서는 스토아 윤리학이 지닌 특징이 나타난다. 『방법서설』에 나오는 세 번째 격률인 "임시 도덕"[10]은 명백하게 스토아주의로부터 영감을 받았음을 보여준다. 그것은 "언제나 운명보다는 나 자신을 이기려고 노력하고, 세계의 질서보다는 내 욕망을 바꾸려고 노력하는 것이다." 그렇지만 대다수의 기독교도가 생각하듯이, 스토아주의의 인내忍耐와 관련된 격률은 데카르트가 보기에도 도가 지나친 것들이었다. 그래서 데카르트는 1645년 5월 18일자 엘리자베스 여왕에게 보내는 편지에서 자신은 "그들의 현자가 무감각한 사람이기를 바라는 그런 가혹한 철학자들 사이에

---

10 『데카르트 연구』 3부. 25. "세 번째 격률은 언제나 운명보다는 나 자신을 이기려고 노력하고, 세계의 질서보다는 내 욕망을 바꾸려고 노력하는 것이다. 그리고 일반적으로는 우리가 완전히 지배할 수 있는 것은 우리 생각밖에 없으므로, 우리 외부에 있는 것에 대해 최선을 다했음에도 여전히 이루지 못한 것은 우리에게 전혀 불가능한 것이라 믿는 데 익숙해지는 것이었다."(최명관 옮김, 창, 2010)—옮긴이

는 결코 속하지 않는다"라고 쓰고 있다. 파스칼은 에픽테토스를 어떻게 보았을까? 그의 해석은 『에픽테토스와 몽테뉴에 관한 파스칼과 드 사시와의 대담』을 통해 알려져 있다. 이 대담은 1655년 파스칼과 드 사시가 나눈 대화를 니콜라 퐁텐[11]이 기록한 것이다. "파스칼에 따르면, 에픽테토스는 인간의 의무에 관해 아주 잘 알고 있었던 세속 철학자들 가운데 한 사람이었다." 왜냐하면 그는 "신의 의지를 인정하고 그것을 따르라"고 충고했기 때문이다. 그러나 다른 사람들과 마찬가지로 파스칼이 보기에도 에픽테토스는 역시 "오만한" 사람이었다. 그는 신에 대한 복종을 통해서 인간이 신과 대등해질 수 있으리라 생각했고, 고통과 죽음은 악이 아니라고 주장했으며, 자살을 허용했다. 따라서 『담화록』은 스토아주의에 대해 기독교 철학자들이 가지고 있었던 양가적인 입장을 제법 잘 보여주고 있는 셈이다.

그러므로 우리는 예컨대 새프츠베리와 같은 비기독교 사상가들에게서 스토아주의에 대한 한결 더 강한 신뢰를 찾아볼 수 있다. 그는 17세기 말 에픽테토스에게서 영감을 받고서는 글을 통해 영성 훈련에 몰두했다. 기독교를 거부한 대신, 에픽테토스를

---

[11] 니콜라 퐁텐Nicolas Fontaine(1625~1709)은 프랑스의 작가이자 신학자다. 포르루아알 수도원에서 파스칼과 드 사시 간의 대담을 기록했다.—옮긴이

충실하게 좇아 범신론을 수용했던 것이다. 마지막으로 스피노자
의 『에티카』에 나오는 경구인 "신 즉 자연*Deus sive natura*"은 스토아
학파의 몇몇 경구들을 글자 그대로 받아들인 것처럼 보인다. 사
실 이미 유스투스 립시우스가 그 표현을 뒤바꿔서 "자연 즉 신
natura sive Deus"이라고 말한 것을 감안하면, 스토아학파의 영향이
명백하다고 할 수 있다.

IV.
스토아주의가
남긴 것

—

그럼 지금은? 스토아주의와 관련해서 남은 것은 무엇일까? 철학 학파로서 스토아주의는 과거의 철학이 되었다. 학파가 사라지면서 스토아주의는 자신을 묶어놓던 역사적인 우연들로부터도 자유로워졌고, 그럼으로써 사상적 본질만이 남게 되었다.

스토아철학은 매우 완결적이고 대단히 정합적인 체계를 갖추고 있었다. 이는 자연학, 논리학, 윤리학을 포함하고 있으며, 그것들을 분리시키는 것은 어려운 일이다. 논리학에서 스토아주의자가 되는 것은 어려운 일이 아니다. 하지만 그것이 스토아주의자가 되는 데 필수는 아니라는 점은 의심할 나위가 없다. 아리스톤은 논리학을 거부했고, 세네카는 그의 학원에서 논리적 형식주의에 집착하는 모습을 비웃었다. 자연학과 관련해서 분명한 것은, 신적인 숨결에서 출발하는 스토아주의 학설의 많은 부분이 더 이상 별로 믿을 만하지 않다는 사실이다. 논리학과 마찬가지로, 스토아주의자가 되기 위해서 자연학을 믿는 것이 필수적인 일은 아니다. 마르쿠스 아우렐리우스는 우리가 스토아적인 삶의 규칙을 받아들이는 데 있어서, 섭리나 원자들의 존재를 믿는 것은 거의 아무런 중요성도 갖지 않는다고 했다(IV, 3, 5). "만일 인도하는 것이 신이라면, 모든 것이 잘될 것이다. 하지만 그것이 우연이라면, 너 또한 우연하게 있는 셈이다."(IX, 28) 어떠한 것도 결정론과 운명을 피할 수 없다는 믿음은 의심할 바 없이 스토아주의의 구성 요소다. 그러나 에픽테토스는 우리에게 달린 것과 우리에게 달리지 않은 것을 구별하라고 주장하면서, 스토아주의 안에다 일정한 변화를 도입했다. 그리고 그것은 인간 내면의 자율성을 강화시켜 주는 것처럼 보인다.

그렇다면 스토아주의의 본질로부터 떨어지지 않고 머물러 있는 것들은 바로 그 도덕적 결론들이라 하겠다. 도덕에 있어서 스토아주의자들은 인간 삶의 목적이 본성에 부합하며 살아가는 것이라고 주장한다. 그들은 인간의 고유한 개별성을 지지하는 것이 헛되다고 생각하거나, 그것을 보편적인 관점에 종속시키는 것을 받아들인다. 이는 분명 스토아주의자가 되기 위한 필수 조건이다. 그것은 다음과 같은 확신, 즉 우리 자신은 이 세계와 비교하여 거의 아무런 중요성도 없으며, 일상의 좋은 것들은 우리에게 속하는 것이 아니기에 부서지기 쉽고 무관한 것이라는 확신을 가짐으로써 삶의 시험을 견뎌내는 것이다. 스토아주의자들은 유일한 좋음이 내 방식대로 생각하고 행하는 것일 뿐이라고 믿는다. 나머지 것들은 내가 그 주인이 아닌 이상, 나와 무관할 뿐이다. 적어도 이 역시 하나의 이론적 논제로서, 이 논제는 무엇보다도 인간이 어떠한 상황에 처하든지 그 영혼을 평화롭게 하는 기능을 목적으로 한다. 만일 내가 '행복하기 위해서는 건강한 상태에 있어야 한다'고 생각한다면, 나는 건강하지 못할 때 불행할 것이기 때문이다. 이와 반대로, 만일 내가 '중요한 것은 어떻게 생각하고 행동하느냐이다'라고 생각한다면, 그 경우 나는 어떤 상황에 놓이든지 반드시 행복하지는 않을 것이다. 그러나 적어도 나는 내가 나 자신에 대하여 갖는 고유한 일관성 속에서 어떤 종류의 만족감, 어떤 종류의 위안을 느끼게 될 것이다. 스토아주의자들은 무관한 것들 가운데 어떤 것은 건강처럼 선호할 만하다는 점을 잘 알고 있었다. 또 그들은 건강한 상태가 아픈 것보다 낫다는 것도 알고 있었다. 그러나 그들의 철학은 우리에게 질병과 죽음을 견디는 수단들을 제공하고자 모색한다. 왜냐하면 다른 모든 철학이 그렇듯이, 그들의 철학 역시 그것들을 피할 수 있는 수단을 제공할 수는 없기 때문이다.

　　제임스 스톡데일의 사례는 이 관점이 타당성 있게 유지하고 있
는 것이 무엇인지를 잘 보여준다.[12] 미 해군 항공대 소속 조종사
였던 그는 베트남 전쟁이 일어나기 얼마 전 참모 장교가 되기 위
해 다시 공부를 시작했다. 철학 교수는 그에게 에픽테토스를 읽
어보라고 권했고, 스톡데일은 군사적인 비유들과 군대식 윤리에
매혹되었다. 그는 에픽테토스의 본질을 파악하고는 그것을 다음
과 같이 요약했다. 즉 우리에게 달린 것과 우리에게 달리지 않은
것의 구별, 좋음과 나쁨은 우리 내면의 상태 안에 구성된다는 생
각, 그리고 우리가 처한 사회적인 위치는 우리와 무관한 것이라
는 생각. 그는 베트남 독립 동맹에 붙잡혀 7년 동안 포로로 지냈
다. 그는 대부분의 시간을 지하 독방에 갇혀 있으면서 수시로 맞
고 고문당했으며 일상적으로 모욕을 당했다. 그에 따르면, 자신
이 신체적인 고문과 심리적인 압박에 맞서 저항할 수 있었던 것
은 바로 에픽테토스의 격률 덕분이었다. 오히려 그는 자신의 경험
을 "일종의 인간 행동의 실험실 안에서 에픽테토스의 학설을 시
험할 수 있었던 계기"라고 평가한다. 그는 모든 것을 박탈당한 상

---

12 cf. "인간 행동의 실험실에서 에픽테토스의 학설을 시험해보다Testing Epictetus' doctrines
in a laboratory of human behaviour," *Bulletin of the Institute of Classical Studies*
40(1995), pp. 1~13.

태였고, 자신의 생각 말고는 아무것도 통제할 수 없었기 때문에, 왜 에픽테토스가 오직 우리의 생각과 의지만이 우리에게 달린 것이라고 말했는지 그 이유를 이해할 수 있었던 것이다. 또한 그는 감정의 조절이 무엇을 의미하는지와 감정들이란 자유로운 의지의 작용들이라는 에픽테토스의 생각을 이해했던 것이다.

그의 이야기는 톰 울프의 소설인 『한 남자의 모든 것』(1998)에 영감을 주었다. 작품 속 주인공인 부동산 재벌은 건강과 재산과 아내를 잃었을 때, 비로소 스토아적인 평정을 찾게 된다. 소설의 결말은 적잖이 역설적이지만, 이 소설은 미국의 스토아주의에 일정한 대중성을 안겨주었다.

이와 함께 1960년대에는 심리 치료의 새로운 형식으로서 이른바 "인지 치료"라는 것이 등장한다. 이 이론의 주창자들은 이 치료가 붓다와 에픽테토스에게서 영감을 받은 것이라고 주장한다. 사실 인지 치료 요법은 기본적으로 우리 감정이 우리 판단에서 비롯된 것임을 인정하는 데서 출발하는데, 이는 전형적인 스토아주의의 이론을 바탕으로 한 것이다. 이는 철학에 기반을 둔 것이 아니며, 여기서의 스토아주의 역시 적잖이 모호한 것임에는 분명하다. 그러나 스톡데일이 보여주었던 스토아주의와 마찬가지로, 인지 치료는 오늘날 현실에서도 스토아주의의 몇몇 측면들이 유지할 수 있는 것들을 제법 잘 보여주고 있다. "스토아주의는 희망

없는 인내다"라는 라이프니츠의 말이 옳다면,[13] 그렇다면 스토아
주의는 여전히 살아 있는 철학이라고 할 수 있다.

---

[13] 라이프니츠, 『철학적 저작들Die philosophishcen Schriften』, éd. Gerhardt, t. IV, pp. 298~299.

스토아학파 연표

연도	스토아학파와 관련된 일들		외부 사건들
서기전 334/333	제논 출생(키티온)		
331/330	클레안테스 출생(앗소스)		
323			알렉산드로스 사망
약 304	제논, 아테네에 도착		
280/276	크뤼십포스 출생(솔로이)		
270			에피쿠로스 사망
약 270	아리스톤이 스승인 제논의 가르침에 이설異說을 제기		
262/261	제논 사망	클레안테스가 학원의 장이 됨	
255 이후	아리스톤 사망		
230/229	클레안테스 사망	크뤼십포스가 학원의 장이 됨	
약 230	디오게네스 출생(셀레우키아)		
약 210	안티파트로스 출생(타르소스)		
208/204	크뤼십포스 사망	타르소스 출신의 제논이 학원의 장이 됨	
?	제논 사망(타르소스)		
185/180	파나이티오스 탄생(로도스)		
155	철학 학파의 수장들로 구성된 세 명의 사절단이 로마를 방문. 각각 카르네아데스(아카데메이아), 크리톨라오스(뤼케이온), 셀레우키아의 디오게네스(스토아)		

154	루키우스 아일리우스 스틸로와 푸블리우스 루틸리우스 루푸스 출생		
150/140	셀레우키아의 디오게네스 사망	타르소스의 안티파트로스가 학원의 장이 됨	
146 이전	타르소스 출신의 아르케데모스가 바빌로니아에 스토아주의 학원을 설립		
약 146	파나이티오스가 스키피오를 만남		
약 130	포세이도니오스 출생(아파메이아)		
약 129	타르소스의 안티파트로스 사망. 파나이티오스가 학원의 장이 되어 로도스 출신의 헤카톤을 제자로 맞아들임		스키피오 사망
110/109	파나이티오스 사망. 학원 폐교(?)		
106			키케로 출생
약 100	다르다노스와 므네사르코스가 아테네에서 스토아학파의 지도자로서 활동		
약 95/85	아테노도로스(혹은 "칼부스") 출생(타르소스)		
94	카토 출생(우티카)		
90	루키우스 아일리우스 스틸로 사망		
87	[아테네에서 철학 활동이 중단됨]		술라가 아테네를 점령
50	포세이도니오스 사망(?) [혹은 45/43]		
46	카토 자살		
43			키케로가 살해됨
31			악티움 해전
4	루키우스 안나이우스 세네카 출생		

서기 10/20	루키우스 안나이우스 코르누투스 출생	
?	무소니우스 루푸스 출생	
1세기 중반	카이레몬과 세네카가 차례로 네로의 스승이 됨	
50/60	에픽테토스 출생(히에라폴리스)	
54~62	세네카가 네로의 섭정관이 됨	
65	세네카 자살	무소니우스 루푸스 추방
66	트라세아 파이투스 자살	헬비디우스 프리스쿠스 추방
60/68	에픽테토스가 무소니우스 루푸스의 제자가 됨	
80/90	코르누투스 사망	
85	아리아노스 출생(니코메디아)	
94	에픽테토스가 니코메디아에 정착	철학자들에 대한 추방령
약 105~110	아리아네스가 에픽테토스의 제자가 됨	
121	마르쿠스 아우렐리우스 출생	
약 135	에픽테토스 사망	
160/170	아리아노스 사망	
161		마르쿠스 아우렐리우스의 치세가 시작됨
176		로마 황제의 명으로 아테네에 철학 학원이 개설됨
180	마르쿠스 아우렐리우스 사망	

260 이전	아테나이오스와 무소니우스가 아테네에서 교수로 활동함(포르퓌리오스, 『플로티누스의 생애』 20)	
267	스토아학파의 가르침이 사라졌을 것으로 추정됨	헤룰리족에 의해 아테네가 함락됨
356~357	콘스탄티노플 도서관에서 제논, 클레안테스, 크뤼십포스의 논고들이 마지막으로 필사됨	
410		알라리크 1세에 의해 로마가 함락됨
약 533/538	심플리키우스가 『아리스토텔레스의 「범주론」 주석』(334, 1~3)에서 스토아학파의 저술 대부분이 사라졌고, 더 이상은 스토아학파의 가르침을 찾아볼 수 없게 되었다고 진술함	

부록 1

단순하지 않은 명제의 추론 분석

본문에 언급된 단순하지 않은 명제의 추론 분석은 다음과 같이 이해할 수 있다. 우선 단순한 명제들로 이루어진 첫 번째 증명 불가능한 추론을 들어보자.

(1)	만일 A이면, 그러면 B이다. 그런데 A이다. 그러므로 B이다.	만일 낮이면, 그러면 빛이 있다. 그런데 낮이다. 그러므로 빛이 있다.

본문에서는 단순하지 않은 명제의 추론을 다룬다. 그러므로 단순한 명제 B를 단순하지 않은 명제 〈만일 A이면, 그러면 B이다〉로 대체해보자. 그 경우 다음의 추론이 구성된다.(밑줄 친 추론은 모두 본문에 수록되어 있는 것들이다.)

(2)	만일 A이면, 그러면 〈만일 A이면, 그러면 B이다〉. 그런데 A이다. 그러므로 B이다.	만일 낮이면, 그러면 〈만일 낮이면, 그러면 빛이 있다〉. 그런데 낮이다. 그러므로 빛이 있다.

여기서 문제가 발생하는데, 어떻게 우리가 (2)번 추론에서 전제들로부터 결론('그러므로 빛이 있다')을 도출해낼 수 있느냐는 것이다. 왜냐하면 전제 B가 단순하지 않은 명제로 대체되었다면, 정상적인 추론은 다음과 같아야 하기 때문이다.

(3)	만일 A이면, 그러면 〈만일 A이면, 그러면 B이다〉. 그런데 A이다. 그러므로 〈만일 A이면, 그러면 B이다〉.	만일 낮이면, 그러면 〈만일 낮이면, 그러면 빛이 있다〉. 그런데 낮이다. 그러므로 〈만일 낮이면, 그러면 빛이 있다〉.

이 문제를 해결하는 것이 구문 분석이다. 우리는 (2)가 사실은 두 개의 추론으로 이루어졌고 그중 몇몇 명제는 가상적인 것임을 볼 수 있다.(본문에서는 고딕체로 표기된 것이 가상 명제이며, (i)와 (ii)가 각각 본문의 두 번째, 세 번째 추론이 된다.)

(i)	만일 A이면, 그러면 〈만일 A이면, 그러면 B이다〉. 그런데 A이다. 그러므로 〈만일 A이면, 그러면 B이다〉.	만일 낮이면, 그러면 〈만일 낮이면, 그러면 빛이 있다〉. 그런데 낮이다. 그러므로 〈만일 낮이면, 그러면 빛이 있다〉.
(ii)	만일 A이면, 그러면 B이다. 그런데 A이다. 그러므로 B이다.	만일 낮이면, 그러면 빛이 있다. 그런데 낮이다. 그러므로 빛이 있다

실제로 가상으로 머물러 있는 명제는 단 하나, 즉 (2)번의 첫 번째 전제다. 그것은 (i)의 결론이자 (ii)의 전제가 된다. 그런 식으로 몇몇 명제를 함축적인 것들로 남겨놓은 가운데, (2)에서 전제들로부터 결론에 이를 수 있는 것이다.

부록 2

스토아철학의 주요 개념들[1]

가치 (그리스어: *axia* / 라틴어: *aestimatio*)

— 스토아 철학자들에게 가치를 갖는 것은 기본적으로 선(덕)과 악(악덕)이며, 그 외의 나머지는 대체로 무관한 것들이다. 그러나 지혜로운 삶을 살기 위해 필요로 하는 것들, 예컨대 건강과 같은 것들은 본성에 부합하는 삶을 영위하는 데 기여하기 때문에 일정한 가치를 지니며, 선호할 만한 것이라고 본다. (→ 67~72쪽)

---

[1] 스토아 철학자들이 사용해온 주요 개념들의 목록과 간략한 설명으로, 주로 다음의 책을 참고했다. cf. Valéry Laurand, *Le vocabulaire des Stoïciens*, Paris, Ellipses, 2002.—옮긴이

개념 (그리스어: *ennoia* / 라틴어: *notio*)

— 개념은 우리 감각을 통해 영혼 안에 들어온 표상들의 변형과 결합들로서 영혼 안에 저장되는 것이다. 스토아 철학자들은 개념들 중에서도 선개념 先概念, *prolêpsis*을 따로 구분하기도 했다. 보통의 개념들은 개인적인 학습이나 가르침을 통해 형성된 것인 반면, 선개념(이 용어는 원래 에피쿠로스의 것이다)은 "자연적으로 형성되는 개념들"이다. 그러나 개념이든 선개념이든 스토아 철학자들에게 있어서 이것들은 결코 선험적이거나 생래적인 것이 아니다. 갓난아이의 영혼은 마치 아무것도 기록되지 않은 빈 서판과도 같다. 아기가 자라면서 경험을 통해 다양한 표상들을 얻게 되고 개념들은 바로 그런 표상들의 변형과 종합으로로부터 형성되는 것이다. (→ 39~41쪽)

긴장 (그리스어: *tonos*)

— 스토아 철학자들은 우주를 하나의 거대한 생명체이자 이성적인 동물로 간주한다. 우주가 전체로서 하나의 생명체라면, 우주의 다양한 부분을 하나의 질서로 연결시켜줄 수 있는 어떤 단일성의 원리가 있어야 할 것이다. 스토아 철학자들은 이러한 원리를 "신적인 숨결*pneuma*"이라고 부른다. 이 숨결은 연속체로서 이 우주의 결속을 유지시켜주는 동시에 우주의 각 부분을 구조화하는 역할을 한다. 이때 이 신적인 숨결의 원천이 되는 힘이 바로 긴장緊張이다. 크뤼십포스에 따르면, 숨결은 상반된 성질

을 지닌 두 가지 원소, 즉 불(뜨거움)과 공기(차가움)의 결합으로 구성되어 있다. 긴장은 이렇게 상반된 두 성질이 동일한 숨결 안에 공존함에 따라 발생한다. 마치 크기는 같고 방향은 반대인 원심력과 구심력처럼, 숨결에 내재한 긴장은 사물의 내적 결속을 보장해주는 것이다. (→ 27~28, 114~116쪽)

대화재大火災 (그리스어: *ekpyrōsis* / 라틴어: *deflagratio*)

— 스토아철학의 독창적인 부분이면서 학파 내부에서도 적잖은 논쟁을 야기했던 것이 바로 영원회귀 사상이다. 모든 별이 각자의 순환을 마친 뒤에, 이 우주가 처음 질서가 부여되었을 때처럼 정렬하게 되는 때를 스토아 철학자들은 대년大年이라고 부른다. 바로 그때 이 우주는 거대한 화재로 파괴되며, 완전히 타버린 뒤에는 처음에 생겼던 것과 동일한 우주가 다시 생겨나게 된다. 따라서 대화재는 두 시대의 전환점 역할을 한다고 볼 수 있다. 즉 대화재를 기점으로 전 시대의 우주가 종말을 맞이하고 새로운 시대의 우주가 생겨나는 것이다. (→ 111~114쪽)

덕/탁월함 (그리스어: *aretē* / 라틴어: *virtus*)

— 인간이든 동물이든 그 본성이 가장 잘 발현되어 탁월한 상태를 뜻하는 덕은 스토아 철학자들이 생각하기에 인간에게 유일하게 좋은 것이자 가장 유익한 것이며, 삶의 진정한 목표로서 추구될 만한 것이다. 제논은 덕

에 부합하는 삶을 "이성에 부합하는 삶"이라고 보았고, 클레안테스를 비롯한 그의 후예들은 여기에 "자연에 따르는 삶"을 추가했다. 이성에 합하는 삶과 자연에 부합하는 삶은 서로 다른 것이 아니다. 인간의 이성은 우주적 이성의 한 부분이기 때문이다. 물론 인간의 이성은 우주의 아주 작은 부분에 불과하므로 한계를 지닐 수밖에 없다. 그러나 인간의 이성이 아무리 작다 하더라도, 각각은 우주라는 거대한 교향악단을 구성하는 개별적인 악기들로서, 신적인 섭리의 지휘에 따라 자기만의 아름다운 소리를 낼 수 있는 것이다. 그래서 크뤼십포스는 덕 있는 사람의 삶을 "자연에 따라 생겨나는 것의 경험을 받아들이는 삶"으로 이해한다. (→ 25, 76~81쪽)

도시/국가 (그리스어: *polis* / 라틴어: *civitas*)

— 견유학파의 디오게네스가 그랬던 것처럼 스토아 철학자들 역시 소크라테스를 세계시민*kosmopolitês/mundanus*으로 간주하여 추앙해 마지않는다. 세네카는 우리에게 두 가지 국가가 있다고 말한다. 하나는 신들과 인간들을 모두 감싸고 있는 위대하며 진정한 공중公衆으로서의 보편적인 도시다. 그곳에서 우리는 이런저런 지역의 한계에 얽매이지 않는다. 다른 하나는 우리가 탄생에 의해 우연적으로 소속되는 각자의 조국이다. 스토아 철학자들은 이 세계를 하나의 거대한 도시에 비유했다. 이 세계의 법은 바로 신의 이성으로서 인간 및 다른 신들을 비롯한 모든 이성적인 존재자가

그 권위 아래 하나로 모이게 되며, 이들 모두를 결속시켜주는 것은 친애다. (→ 94~96쪽)

동의 (그리스어: *synkatathesis* / 라틴어: *assensus, assensio*)

— 그리스어 동사인 *synkatatithêmi*는 원래 투표에서 다른 사람과 같은 표를 던진다는 뜻으로, 누군가의 입장에 찬성을 표하는 것을 의미한다. 이로부터 스토아 철학자들은 동의를 주어진 표상을 참인 것으로 받아들이는 영혼의 능동적 행위로 간주한다. 한편 동의는 심리적인 활동이기에, 동의를 표하는 사람의 영혼이 어떤 상태에 있는가에 영향을 받는다. 그래서 누군가가 심리적으로 허약한 상태이거나 광기에 빠져 있는 경우, 참이 아닌 거짓에 동의를 표할 수도 있고, 확실한 것이 아닌 그럴듯한 것(즉 의견)에 동의를 표할 수도 있다. 반대로 오직 현자만이 동의의 능력을 제대로 사용할 줄 알며, 참된 진리에 동의를 표함으로써 지식을 확보할 수 있다. (→ 43~44쪽)

마땅한 것 (그리스어: *kathēkon* / 라틴어: *officium*)

— 스토아 도덕론은 사람에 따라 역설적인 동시에 이중적인 측면을 지닌다. 현자들에게 도덕은 "좋은 것을 선택하라"라든가, "네가 원하는 것을 하라"처럼 하나의 단순한 명령으로 제기된다. 반면에 일반인들에게는 "부모를 공경하라"부터 "결혼을 하라"라든가, "나랏일에 참여하라" 등 수많은

것을 요구한다. 그런데 무엇을 하든지 현자는 언제나 일을 잘하는 반면, 일반인들은 언제나 일을 잘 못한다. 마땅한 것, 혹은 마땅한 기능이란 각 존재자(식물, 동물, 인간 등)의 본성에 어울리는 행위를 뜻한다. 꽃은 자신의 본성을 좇아 마땅한 곳에서 만개한다. 동물은 자신의 본성을 좇아 자신에게 마땅한 음식물을 취한다. 인간은 자신의 본성을 좇아 좋은 것, 선호할 만한 것을 선택한다. 이 점에 있어서는 현자나 범인 모두가 동일하다. 차이가 있다면 현자는 반드시 좋은 것을 선택할 수밖에 없으며 또 이를 통해 행복한 삶을 보장받는 반면, 범인은 마땅한 것을 선택하지 못하며, 잘해야 생존을 보장받을 수 있을 뿐이라는 점이다. 일반인도 어쩌다 마땅한 것을 행할 수 있지만 항상 그런 것은 아니다. 반면에 현자는 항상 마땅한 것을 행하게 된다. (→ 85~90쪽)

무관한 것 (그리스어: *adiaphoron* / 라틴어: *indifferens*)

— 건강과 머리카락이 홀수인 것 사이에는 어떤 공통점이 있을까? 이렇게 자못 황당한 질문에 대해 스토아 철학자들은 둘 다 유일한 행복이라 할 수 있는 지혜와는 무관한 것들이라는 점에서 공통적이라고 말한다. 부, 건강, 명성과 같은 것들은 행복에 이르는 데 아무런 필요도 없으며, 어떠한 보탬도 되지 않는 것들이다. 마찬가지로 가난이나 질병 역시 현자가 누리는 행복으로부터 어떠한 것도 앗아가지 못한다. 따라서 덕을 제외하고 나머지는 모두 마찬가지인 것들이다. 그럼에도 불구하고 우리는 무관

한 것들을 다시 둘로 나눌 수 있다. 어떤 것들은 어느 정도 자연에 부합하는 반면, 다른 것들은 그나마도 무관계한 것들이다. 예컨대 머리카락이 짝수냐 홀수냐 하는 것은 자연이니 본성이니 하는 것과 전혀 관계가 없다. 이와 달리 건강은 생명체가 지속하기 위해서는 건강을 유지해야 하기 때문에 자연의 일차적인 요구들에 부합한다. 따라서 건강은 그 자체로는 무관한 것이지만 질병에 비해서는 선호할 만한 것으로 여겨진다. (→ 25, 161~163, 170쪽)

물체 (그리스어: *sōma* / 라틴어: *corpus*)

― 스토아 철학자들의 물체 개념이 특별히 새로운 것은 아니다. 이들에 따르면 물체란 삼차원을 지니며 저항하는 것이다. 여기서 저항은 물체를 장소와 구별 짓는 중요한 속성이다. 왜냐하면 장소 역시 삼차원으로 되어 있지만, 장소는 비물체적이기(즉 저항하지 않기) 때문이다(cf. LS 45 F). 물체에 대한 스토아주의의 독창성은 "행하고(능동) 겪는(수동) 성질을 갖는 것은 오직 물체만이다"라는 주장에서 찾아볼 수 있다. 만일 오직 물체만이 행하고 겪을 수 있다면, 오직 물체만이 다른 물체에 대하여 원인(작용을 가함)이나 결과(작용을 받음)가 될 수 있다. 또한 작용을 가하거나 받는다는 것은 실재하는 것의 속성이기에(왜냐하면 있는 무엇이 작용을 가하고 있는 무엇이 작용을 받기 때문이다), 오직 물체만이 실재한다는 결론이 나온다. 그렇다면 비물체적인 것은 존재할 수 없다. 따라서 스토아

철학자들은 신이니 영혼이니 하는 것도 모두 물체로서 존재한다고 주장한다. (→ 100~104쪽, cf. 비물체적인 것)

비물체적인 것 (그리스어: *asōmatos* / 라틴어: *incorporalis*)

— 스토아주의자들의 주장대로 오직 물체만이 존재한다면, 과연 물체만을 가지고서 "모든 것"을 다 설명할 수 있을까? 예컨대 시간의 흐름에 대해 이야기해보자. 시간은 물체가 아니다. 시간은 미래, 현재, 과거로 이어지지만, 미래는 아직 오지 않아서 존재하지 않고, 과거는 이미 지나가버려서 존재하지 않으며, 현재는 존재한다고 말하기에는 너무 짧은 순간이라 포착할 수 없다. 그러나 누구도 시간이 어떤 것임을 부정하지는 않을 것이다. 확실히 시간은 물체와 같은 식으로는 존재하지 않는다. 그러나 우리가 시간에 대해 생각하고 말할 수 있다면, 그것은 시간 역시 "어떤 것"으로서 일정한 존재 형식을 갖고 있기 때문이다. 바로 이 어떤 것이 비물체적인 것이다. 이것들은 결코 존재하는 것이 아니지만 그렇다고 완전히 없는 것도 아니어서 스토아주의자들은 이를 "잔존한다*hyphistasthai*"고 말한다. 물체는 일정한 시간에 걸쳐 존재하고, 일정한 장소를 점유하여 존재한다. 또한 그 점유를 통해 우리는 물체를 받아들인 공간을 생각한다. 여기서 말하는 시간과 장소, 그리고 공간이 바로 비물체적인 것들로서 이는 물체의 상관자들이다. 비물체적인 것들로는 이외에도 사건이나 사실 등이 있다. 예컨대 "고양이가 달리고" "고양이가 울며" "고양이가 잔다"라고 할

때, 달리기, 먹기, 잠은 모두 고양이(물체)의 존재 방식으로서 비물체적인 것에 해당된다. 그러나 실로 존재하는 것은 오직 고양이(즉 달리는 고양이, 우는 고양이, 그리고 잠든 고양이)뿐이다. (→ 99~104쪽, cf. 물체)

신神 (그리스어: *theos* / 라틴어: *deus*)

— 이 세계의 조화와 질서는 우연의 소산인가? 아니면 어떤 신적인 존재자의 계획에 의한 것인가? 에피쿠로스가 전통 종교를 미신으로 간주하여 철저하게 배격한 것과 달리, 스토아 철학자들은 인간이 신적인 존재를 상정하는 것을 자연스러운 경향으로 받아들였다. 클레안테스에 따르면, 인간은 네 가지 이유로 신에 대한 선개념을 갖는다고 한다. 하나는 인간의 힘을 넘어서는 무시무시한 자연 현상들(천둥, 번개, 폭풍, 혜성 등)의 존재이고, 다른 하나는 인간이 미래에 대해 예언을 할 수 있기 때문이며, 셋째는 자연이 인간에게 행복을 위해 필요로 하는 것들을 제공해준다는 점이고, 마지막은 이 우주의 질서를 통해 우리는 신의 존재를 상정하게 된다는 것이다. 즉 이 우주가 바로 신이요, 이성적이며 선하고 지혜로운 생명체라는 말이다. (→ 98, 116쪽)

어리석음 (그리스어: *phaulos* / 라틴어: *improbus, stultus*)

— 덕과 악덕 사이에 중간은 없다. 따라서 모든 사람은 현자이거나 아니면 어리석은 사람이거나 둘 중 하나다. 그런데 스토아주의자들은 현자가 불

사조만큼이나 드물다고 말하며, 어떤 이는 현자가 대략 500년마다 한 명씩 태어날 뿐이라고 주장하기도 한다. 그렇다면 우리는 모두 어리석은 사람들이라고 말해도 과언이 아니다. 물론 우리에게도 진보의 가능성이 없는 것은 아니다. 자연이 우리에게 제공한 최초의 충동을 회복하거나 우리에게 부과한 것을 실현할 가능성이 언제나 열려 있기 때문이다. 그러나 진보를 이루는 와중에도 우리는 여전히 열등하고 열악한 상태**2**를 벗어나지 못한다. 우리가 아무리 진보하여 덕에 가까이 다가간다 해도, 무감동의 경지에 도달하지는 못하기 때문이다. 요컨대 우리 머리가 수면에서 1밀리미터 아래 잠기든, 아니면 20미터 아래 잠기든 간에 우리는 익사를 면할 수 없는 셈이다. 현자와 어리석은 자의 구분은 이처럼 극단적으로 엄격했기에 사람들은 이로부터 도출될 수 있는 역설적인 결론들을 지적하기도 했다. 예컨대 수학 문제를 틀리거나, 집에 불을 지르거나, 부모를 살해하는 일은 결국 같은 잘못일 뿐이다. 왜냐하면 이는 모두 그저 어리석은 자들의 불완전함을 드러내주는 것이기 때문이다. (→ 94~95쪽)

영혼 (그리스어: *psychē* / 라틴어: *anima*)

— 영혼은 생명체들에게 있어 생명의 원리다. 동물이 호흡하고 스스로 움직

---

2 그리스어 "phaulos"는 원래 "열악하고 보잘것없음"을 뜻한다.

이며, 자기 자신 및 주변 환경에 대한 의식을 갖는 것은 모두 영혼에 의해서다. 동물 중에서도 인간의 영혼은 전적으로 이성적인 원리이자 지배하는 능력(*hēgemonikon*, LS 53 F)을 뜻한다. 그리고 신의 영혼은 세계 질서의 원인으로서, 능동 원리이자 자기 운동자이며 모든 질료를 관통하여 이 세계 안에서 그것들을 구조지우는 신적인 숨결로 간주된다. 플라톤과 달리 스토아주의자들은 영혼에 비이성적인 요소가 없다고 보았다. 또한 스토아 철학자들은 영혼이 몸을 지배하는 것이지만 비물체적인 것은 아니라고 주장했다. 영혼 역시 불과 공기로 이루어진 물체이며, 오히려 물체로 되어 있기 때문에 다른 몸들을 결합시키고 유지시킬 수 있는 것이다. (→ 90~92, 114~117쪽)

운명 (그리스어: *heimarmenē* / 라틴어: *fatum*)

— 스토아주의자들에 따르면 운명은 원칙적으로 사물들 전체가 지닌 자연적 질서다. 모든 사물은 다른 것들에 의해 인과적으로 엉켜 있고 끌려가며, 그것들의 연쇄는 영원히 끊어지지 않는다. 이렇듯 운명이 보편적 인과의 원리로서 간주되기에 어떠한 것도 운명을 피해갈 수는 없다. 또한 모든 사람의 행위는 그 자체로 운명에 의해 움직이고 지배될 수밖에 없다. 그런데 운명을 이렇게 규정한다면 우리는 두 가지 역설적인 결론에 이를 수 있다. 하나는 이미 모든 것이 정해져 있기 때문에 우리가 무엇을 해도 안 된다는 일종의 숙명론이다. 다른 하나는 내 모든 행위가 이미 정해진 인

과관계의 일부라면, 내가 어떤 나쁜 짓을 해도 그것은 내 책임이 아니라는 주장이다. 클레안테스는 이러한 결론을 "안일한 논변*argos logos/ignaua ratio*"이라 하여 거부했다. 확실히 어떤 사건들의 경우 우리가 할 수 있는 일은 아무것도 없다(예컨대 우리는 죽음을 피할 수 없다). 반면 다른 어떤 사건들의 경우, 그것들 역시 필연적으로 우리에게 닥치지만, 우리에게는 여러 선택지가 있으며 우리는 그중 하나를 의지하고 욕망할 수 있다. 예컨대 라이오스 왕이 오이디푸스 왕자를 낳은 것은 이미 정해진 것으로 피할 수 없는 운명이지만, 라이오스는 이오카스테를 욕망했고, 그래서 그녀와 사랑을 나누었던 것이다. 즉 인간의 행위는 운명의 흐름 안에 포함되지만, 운명이 인간의 모든 행위를 마비시키는 것은 아니라는 뜻이다. (→ 119~127쪽)

인상 → 표상

적응/자기화 (그리스어: *oikeiōsis* / 라틴어: *conciliatio, commendatio*) — 스토아주의에서 적응(혹은 자기화)이란 생명체가 자신에게 적절하고 고유한 것을 얻고자 하는 원초적인 충동을 뜻한다. 어떻게 보면 적응은 생명체가 환경에 적응함으로써 자기를 보존하려는 경향이기도 하다. 스토아철학자들에 따르면 자연은 동물들을 그것 각각의 생존에 적합하도록 만들었다. 자연이 동물들을 만들어놓고 나서 정작 그것들이 적응하지 못하게 방치한다는 것은 영 그럴듯하지 않다. 그렇다면 인간에게 있어서 적응은 무엇일까? "적응"이라는 말은 그리스어 형용사 "오이케이오스*oikeios*"에서 왔다. 이 말은 나에게 속하는 것, 그리고 나에게 적절하고 귀중한 것을 가리킨다. 또한 오이케이오스는 가정*oikia*을 의미하기도 한다. 우리에게 적절한 것에 대한 의식과 그것을 보존하려는 충동은 우리 자신을 넘어 가족과 자식들로 나아가며, 도시로 이어지고, 마침내는 인류 전체로 확장된다. (→ 73~75쪽)

정념 (그리스어: *pathos* / 라틴어: *perturbatio animi*)

— 정념은 비이성적인 충동으로서 이성의 조화를 방해하고 넘어서려 한다. 그런데 플라톤과 달리, 스토아 철학자들에게 있어서 정념의 자리는 영혼의 비이성적 부분이 아니다. 스토아 철학자들은 이성이 영혼 안에 위치한 개념들의 총체라고 보았다. 또한 그런 이성 안에는 비이성적인 부분이 존재하지 않는다. 만일 그런 부분이 있었다면, 바로 그것이 정념이 원인이 되었을 것이다. 하지만 영혼은 전체로서 이성적이기에 정념이 들어올 장소가 없다. 따라서 정념들은 영혼의 어떤 특수한 부분 속에 있지 않고, 왜곡된 의견들과 잘못된 판단들에서 생겨난다. 즉 우리가 표상들에 대해 비이성적인 방식으로 잘못된 동의를 표할 때 발생하며, 또한 우리가 그 충동에 대한 통제력을 상실할 때 발생하는 것이다. (→ 66~67, 90~92쪽)

충동 (그리스어: *hormē* / 라틴어: *impetus*)

— 충동은 넓은 의미에서 이성적인 영혼의 운동이다. 이것은 영혼이 대상을 향해 나아가는 운동을 의미할 뿐만 아니라, 반대로 대상으로부터 되돌아오는 운동을 의미하기도 한다. 좁은 의미에서 전자를 "충동"이라고 부르는 반면, 후자는 "반동*aphormē/repulsio*"이라고 부른다. 예컨대 내가 발을 움직여 걷는 것은 영혼의 충동에서 비롯된 것이다. 하지만 충동을 설명하는 방식은 철학자마다 조금씩 다르다. 예컨대 클레안테스는 걸음을 영혼의 지배적인 부분에서 보내진 숨결이 발에 이름으로써 발생하는 것이라 했다. 반면에 크뤼십포스는 지배적인 부분이 직접 발의 걸음을 촉발시킨다고 보았다. 하지만 어느 쪽이 됐든, 영혼이 신체 기관에 운동을 촉발시킴으로써 물체의 운동이 발생한다는 것에는 모두가 동의한다. (→ 72~75쪽)

표상/인상 (그리스어: *phantasia* / 라틴어: *visum*)

— 제논은 표상을 영혼에 새겨진 "인상"이라고 말한다. 하지만 이 정의는 불완전하다. 표상은 그저 머릿속에 새겨진 그림 같은 것에 머물지 않는다. 그것은 오히려 우리에게 감각 대상을 보여준다. 즉 우리는 표상을 통해 대상에 대한 관념을 갖고, 표상을 통해 대상을 바라보게 된다. 그래서 키케로는 그리스어 "*phantasia*"(표상)를 라틴어로 옮길 때 "*visum*"(보여진 것)으로 번역했다. 크뤼십포스에 따르면, 표상은 영혼 안에서 발생하는

일종의 감응 작용으로, 마치 스스로 빛날 뿐만 아니라 다른 것까지 밝혀
주는 빛*phōs*과도 같은 것이어서, 스스로 드러날 뿐만 아니라 그것을 만들
어준 대상까지 드러내주는 것이다. 표상들 가운데 일부는 감각을 통해 들
어오지만, 다른 몇몇은 감각 기관이 아닌 사유의 산물이기도 하기에, 크
뤼십포스는 표상이 그저 인상들에 머무는 것이 아니라 영혼의 변형임을
강조했다. 또 크뤼십포스는 이러한 표상들 중에서도 참인 것들을 파악적
표상*phantasia katalēptikē/visum comprehendibile*이라고 불렀다. 왜냐하면
파악적 표상은 존재하는 것들에서 비롯되고, 그 대상들과 일치하고, 대상
의 특징을 정확하게 재현해주기 때문이다. (표상 → 38~42쪽; 파악적 표
상 → 42~44쪽)

혼합 (그리스어: *krasis* / 라틴어: *concretio*)

— 포도주 한 방울이 바다에 떨어지면 어떻게 될까? 스토아주의에 따르면,
포도주 방울은 바닷속으로 퍼지되, 포도주로서의 성질을 잃지 않을 것이
요, 결국에는 바닷물 전체와 섞이게 될 것이다. 다소 황당해 보이는 이러
한 주장은 동시대의 철학자들 사이에서 조롱거리가 되었다. 예컨대 플루
타르코스는 다음과 같이 비판한다. 어떤 수병이 바다에서 싸우던 중에
다리를 하나 잃었다고 하자. 스토아주의자들 말대로라면, 잘린 다리는 바
다에 빠져 자기 동일성을 간직한 채 바다 전체와 섞이게 될 것이다. 결국
수병들은 (바다와 섞인) 잘린 다리 안에서 싸우는 셈이 될 것이다. 하지

만 이러한 비판에도 불구하고 위의 가정은 모든 것이 이어져 있고, 모든 것을 통해 혼합되어 있다*krasis di' holon*는 스토아 자연학의 기본 원리를 드러내준다고 할 수 있다. (→ 118~119쪽)

옮 긴 이 의 말

스토아주의는 철학사가들이 흔히 '헬레니즘'이라고 부르던 시기 (서기전 323~서기전 31)에 유행했던 철학의 한 사조다. 학파의 창립자는 키티온 출신의 제논으로 그는 아테네에 정착한 뒤에 아고라 건물의 주랑柱廊 아래에서 강의를 펼쳤다고 한다. 많은 이가 제논의 강의를 들으러 주랑으로 모여들었고, 이후 사람들은 주랑을 중심으로 제논의 학파가 형성되었다고 말하게 되었다. 오늘날 우리가 말하는 "스토아"는 바로 이 주랑을 뜻하는 그리스어다. 제논 이후로 스토아학파는 세대를 이어가며 지중해 전역으로 퍼져나갔고 로마제국까지 이어지다가 서기 3세기 중엽에 사라졌다. 학파의 조직과 이론 체계는 사라졌지만, 스토아 철학자들이 보여주었던 금욕적인 삶의 방식과 지행합일의 태도는 1000년 넘게 지속되며 유럽인들의 가치관에 지대한 영향을 끼쳤다. 그럼으로써 스토아주의는 역사 속에 실존했던 철학 학파라는 고유의 의미를 넘어서 아예 "금욕주의"라는 뜻을 지닌 보통명사가 되어버렸다.

한국에서 스토아학파는 플라톤이나 아리스토텔레스에 비해 그다지 알려져 있지 않은 철학 사조다. 많은 이가 "스토아학파" 하면 금욕주의를 떠올리거나, 무감동을 뜻하는 "아파테이아" 같은 단어를 생각해낼 것이다. 또 어떤 사람들은 마르쿠스 아우렐리우스 황제나 세네카 같은 로마 시대의 철학자들이 남긴 금언을 떠올릴지도 모른다. 그러나 스토아 사상은 단순히 금욕주의로 환원하기에는 지극히 정교한 체계를 자랑하는 철학이다. 즉 언어와 사유의 본성에서 출발하여(논리학과 인식론) 자연과 우주의 기원과 구조를 거쳐(자연학) 삶의 목적과 가치에 이르기까지(윤리학), 스토아철학의 각 분야는 서로 치밀하게 이어져 하나의 거대한 체계를 형성한다. 이 책을 통해 독자들은 스토아의 현자들이 남긴 금언이 사실은 매우 치밀한 철학적 사유의 기반 위에서 정교한 논변의 결론으로 제시된 것임을 보게 될 것이다.

이 책을 쓴 장바티스트 구리나Jean-Baptiste Gourinat는 1964년생이며 니스 출신으로 현재 프랑스 국립과학연구원CNRS의 고대 철학 분과 전임연구원으로 일하고 있다. 그는 스토아학파의 변증술에 관한 연구로 박사학위를 받았으며, 논리학과 변증술 외에도 스토아학파의 영혼론과 자연학 등에 관해 다수의 논문과 연구서를 발표한 스토아철학의 전문가다. 스토아학파는 그 창립부터 소멸까지 약 500년이 넘는 시간 동안 수많은 철학자를 배출했고, 그들의 수만큼 다양한 이론과 여러 복잡한 해석 및 논쟁을 불러일으켜왔다. 하지만 이런 복잡함에도 불구하고, 저자는 스토아철학의 전문가답게 그 많은 이름과 개념을 이 짤막한 개론서 안에 놀라울 정도로 간명하면서도 짜임새 있게 배치해놓고 있다. 번역에서는 원문의 간명함을 최대한 담아낼 수 있도록 노력했다. 다만 한국의 독자들에게 생소한 이름들과 개념들의 경우, 본문 뒤에 부록으로 '단순하지 않은 명제의 추론 분석'과 '스토아철학의 주요 개념들' 및 인명 색인을 첨가하여 내용 이해를 도왔다. 또한 국내에서 발표된 주요 논문들을 참고문헌에 따로 수록하여 좀더 깊이 있는 연구를 원하는 독자들에게 도움이 되고자 했다.

　이 책의 번역과 관련하여 감사를 표하고 싶은 분들이 있다. 스토아 자연철학으로 박사학위를 취득한 한경자 선생님은 이 번역의 초고를 꼼꼼히 읽고 몇몇 중요한 오류들을 바로잡아주었을 뿐만 아니라, 스토아철학의 전문 용어들을 옮기는 데 있어서도 여러 가지 귀한 의견을 제시해주었다. 또한 헬레니즘과 관련하여 많은 조언을 해주신 경희대 송유레 선생님과 후배의 번역이 빛을 볼 수 있도록 격려를 아끼지 않았던 심의용 선생님, 그리고 인생의 중요한 고비마다 애정 어린 격려와 함께 힘을 보태주신 숭실대 한석환 선생님께도 깊은 감사를 드린다.

　사실 이 책의 번역은 철학과 학부생들에게 스토아철학을 소개하고 싶은 마음에 시작한 것으로, 5년 전쯤에 이미 초역을 마친 상태였다. 하지만 출판 시장의 불황 때문인지, 가벼운 철학 개론서로는 수지가 맞지 않는다고 판단해서인지, 선뜻 출판을 해주겠다는 곳이 나타나지 않았고, 원고는 파일 상태로 컴퓨터 하드 속에 처박혀 있다가 이제야 빛을 보게 되었다. 어려운 시장 환경 속에서도 책의 가치를 알아보고 흔쾌히 출판을 수락해주신 글항아리 강성민 대표에게 감사의 마음을 전한다.

김유석

참 고 문 헌

1. 원전 및 단편들

1.1 1차 자료: 단편들 및 간접 증언들

『생애』 : Diogène Laërce, *Vies et doctrines des stoïciens*[livre VII des *Vies*], trad. R. Goulet, Paris, LGF, 2006(texte grec: éd. de M. Marcovich, 3 vols., Stuttgardt–Leipzig, 1999; 영어 번역: *The Lives of Eminent Philosophers*, 2 vols., trs. by R. D. Hicks, Cambridge, 1925).

LS : A. A. Long, & D. N. Sedley, *The Hellenistic Philosophers*, 2 vols., Cambridge, CUP, 1987(저자는 이 책의 프랑스어 번역을 사용하고 있다. *Les philosophes hellénistiques*, vol. 2, Les Stoïciens, Paris, GF, 2001). 헬레니즘 시대에 주로 활동했던 회의주의, 에피쿠로스주의,

스토아주의, 아카데메이아 철학자들의 단편들과 간접 증언들을 수록한 책. 1권은 영어 번역과 주석, 2권은 원전과 참고문헌으로 이루어져 있다.

SVF : von Arnim, Hans(ed.), *Stoicorum Veterum Fragmenta*, 4 vols., Leipzig, Teubner, 1903–1924[= *SVF*]. 초기 스토아주의자들의 단편과 증언들을 담고 있으며, 스토아철학 연구의 표준적인 자료다. 1권 제논과 그의 제자들, 2권 크뤼십포스의 논리학과 자연학, 3권 크뤼십포스의 윤리학 및 그의 후계자들의 단편들, 4권 색인으로 구성되어 있다.

『개요』 : Sextus Empiricus, *Outline of Pyrrhonism*, trs. by R. G. Bury, Cambridge, Harvard Univ. Press, 1933.

『반박』 : Sextus Empiricus, *Adversus Mathematicos*: *Against the Logicians*, trs. by R. G. Bury, Cambridge, Harvard Univ. Press, 1935; *Against the Physicists* / *Against the Ethicists*, trs. by R. G. Bury, Cambridge, Harvard Univ. Press, 1936; Against the Professors, trs. by R. G. Bury, Cambridge, Harvard Univ. Press, 1949.

Les Stoïciens, texte traduit par É. Bréhier et édité sous la direction de P. –M. Schuhle, Paris, Gallimard, 1962. 스토아주의자들의 주요 문헌과 단편에 대한 프랑스어 번역.

Inwood, Brad & Lloyd P. Gerson(trs.), *The Stoics Reader*: *Selected*

Writings and Testimonia, Indianapolis, Hackett, 2008. 스토아주의 자들의 주요 문헌들과 단편들에 대한 영어 번역.

Posidonius, *The Fragments*, ed. by L. Edelstein et I. G. Kidd, 3 vols., Cambridge, 1972~1999.

Panetius, *Testimonoanze*, a cura di F. Alesse, Napoli, 1997.

1.2 보존된 문헌들

Sénèque, *Entretiens, Lettres à Lucilius*, Paris, R. Laffont, 1993.

Épictète, *Entretiens*, éd et trad. par J. Souilhé et A. Jagu, 4 vols., Paris, Les Belles Lettres, 1943~1969.

Arrien, Manuel d'Épictète, trad. et notes par P. Hadot, Paris, LGF, 2000(texte grec dans G. Boter, *The Encheiridion of Epictetus and its Three Christian Adaptations*, Leiden, 1999).

Marc Aurèle, *Écrits pour lui-même*, éd. et trad. par P. Hadot, Paris, Les Belles Lettres, t. 1, 1998; éd. de J. Dalfen, *Marci Aurelii Antonini Ade se ipsum libri XII*, Leipzig, 1987.

2. 연구서들

DPhA, R. Goulet(dir.), *Dictionnaire des philosophes antiques*, CNRS Éd.n 5 vols., 1989.

Algra, K.(*et alii*), *The Cambridge History of Hellenistic Philosophy*, Cambridge, CUP, 1999. 헬레니즘 시대의 주요 철학 사조 및 각 이론에 대하여 여러 학자가 나눠 집필한 방대한 연구서.

Atherton, C., *The Stoics on Ambiguity*, Cambridge, 1993.

Barnes, J., *Logic and the Imperial Stoa*, Leiden, 1997.

Bénatouïl, T., *Faire usage: la pratique du stoïcisme*, Paris, 2006.

Bobzien, S., *Determinism and Freedom in Stoic Philosophy*, Oxford, 1998.

Bonhöffer, A., *Epictet und die Stoa*, Stuttgart, 1890.

———, *Die Ethik Epiktets*, Stuttgart, 1894.

Bréhier, É., *Chrysippe et l'ancien stoïcisme*, Paris, 1951.

Brunschwig, J.(éd.), *Les stoïciens et leur logique*(1978), Paris, 2006.

———, *Études surles philosophies hellénistiques*, Paris, 1995.

Colardeau, T., *Étude sur Épictète*(1903), Fougère, 2004

Duhot, J. -J., *La conception stoïcienne de la causalité*, Paris, 1989.

———, *Épictète et la sagesse stoïcienne*, Paris, 1996.

Forschner, M., *Die stoische Ethik*, Darmstadt, 1995.

Frede, M., *Die stoiche Logik*, Göttingen, 1974.

———, *Essays in Ancient Philosophy*, Oxford, 1987.

Goldschmidt, V., *Le système stoïcien et l'idée de temps*, Paris, 1953.

Goulet-Cazé, M. -O., *Les Kynica du stoïcisme*, Stuttgart, 2003.

Gourinat, J. & G. Romeyer-Dherbey(éds.), *Les stoïciens*, Paris, 2005.

Gourinat, J. -B., *Les stoïciens et l'âme*, Paris, 1996.

———, *Premières leçons sur le* Manuel *d'Épictète*, Paris, 1998.

———, *La dialectique des stoïciens*, Paris, 2000.

Hadot, P., *La citadelle intérieure. Introduction aux Pensées de Marc Aurèle*, Paris, 1992.

Hahm, D., *The Origins of Stoic Cosmology*, Columbus, 1977.

Ildefonse, F., *Les stoïciens* I, (*Zéno, Cléanthe, Chrysippe*), Paris, 2000.

Inwood, B., *Ethics and Human Action in Early Stoicism*, Oxford, 1985.

———, (ed.), *The Cambridge Companion to the Stoics*, Cambridge, 2003. 영미권의 가장 표준적인 입문서.

Ioppolo, A. M., *Opinione e scienza. Il dibattito tra Stoici e Academici nel III e nel II secolo a. C.*, Napoli, 1986.

Long, A. A., *Hellenistic Philosophy*, Berkeley, 1986. 『헬레니즘 철학』, 이경직 옮김, 서광사, 2000. 헬레니즘 시대의 철학 전반에 관한 가장 탁월한 개설서. 그러나 한글 번역의 경우 신중한 독서가 요구된다.

────, *Stoic Studies*, Cambridge, 1996.

────, *Epictetus. A Stoic and Socratic Guide for Life*, Oxford, Clarendon, 2004.

────, *From Epicurus to Epictetus*, Oxford, 2006.

Moreau, P. −F.(dir.), *Le stoïcisme au XVIe et au XVIIe siècle*, Paris, 1999.

Muller, R., *Les stoïciens. La liberté et l'ordre du monde*, Paris, 2006.

Reydams−Schils, G., *The Roman Stoics*, Chicago, 2005.

Schofield, M., *The Stoic Idea of the City*, Cambridge, 1991.

Tieleman, T., *Galen and Chrysippus on the Soul. Argument and Refutation in the De Placitis, Books II−III*, Leiden, 1996.

Voelke, A. −J., *L'idée de volonté dans le stoïcisme*, Paris, 1973.

3. 한국어로 접할 수 있는 스토아주의 연구 문헌들

강성훈, 「스토아 감정 이론에서 감정의 극복」, 박규철 외, 『고대 그리스 철학의 감정 이해』, 동과서, 2010.

김재홍, 「상식의 철학자 에픽테토스와 스토아 윤리학」, 『서양고전학연구』 17, 2001, 97~132쪽.

———, 『왕보다 더 자유로운 삶』, 서광사, 2013. 에픽테토스의 『엥케이리디온』에 대한 한글 번역과 주석이 수록되어 있다. 에픽테토스를 중심으로 다루고 있지만, 헬레니즘 철학 전반과 스토아 윤리학에 대해서도 자세하게 소개하고 있다.

박우석, 「스토아학파의 언어철학」, 『서양고전학연구』 13, 1999, 55~72쪽.

서영식, 「포세이도니오스의 감정론 이해를 위한 시론」, 박규철 외, 『고대 그리스 철학의 감정 이해』, 동과서, 2010.

손병석, 「무정념: 현인에 이르는 이상과 실천」, 『철학연구』 80, 2008, 41~60쪽.

오유석, 「헬레니즘 시대의 시각 이론 — 스토아 학파의 시각 이론을 중심으로」, 『서양고전학연구』 26, 2006, 219~250쪽.

———, 「스토아학파에 있어서 진리의 기준」, 『지중해지역연구』 11-2, 2009, 35~64쪽.

이진아, 「유스투스 립시우스의 『항심에 대하여』에 나타난 신스토아주의」,

『고전 르네상스 영문학』 19-2, 2010, 5~25쪽.

이창대, 「스토아 윤리학의 인식론적 기초」, 『철학』 62, 2000, 83~106쪽.

———, 「스토아학파의 lekta」, 『철학』 67, 2001, 33~57쪽.

이창우, 「스토아 윤리학의 아리스토텔레스적 해석-두 가지 길」, 『철학연구』 46, 1999, 71~91쪽.

———, 「세네카의 『자연탐구Naturales Quaestiones』: 스토아적 자연 이해」, 『서양고전학연구』 13, 1999, 227~254쪽.

———, 「스토아철학에 있어서 자기지각과 자기애」, 『철학사상』 12, 2003, 215~243쪽.

———, 「관조觀照와 복된 삶-고대 스토아 윤리학의 신학적 기초」, 『서양고전학연구』 23, 2006, 193~218쪽.

———, 「신을 닮는 것-스토아 윤리학 및 자연철학에 전해진 플라톤의 유산-『티마이오스』를 중심으로」, 『가톨릭철학』 15, 2010, 5~33쪽.

———, 「스토아적 감정이론-추론적 구조, 동의, 그리고 책임」, 『인간·환경·미래』 8, 2012, 91~120쪽.

———, 「세네카와 후마니타스-인간의 자기 형성과 파편적 자아들」, 『서양고전학연구』 50, 2013, 101~131쪽.

한경자, 「스토아 혼합 논의-스토아 혼합론은 스토아 일원론과 두 가지 물체적 근원론을 양립 가능하게 하는가?」, 『철학사상』 50, 2013, 73~97쪽.

인명 찾아보기

갈레누스 145~148

게르케, 알프레드Gercke, Alfred 181

겔리우스, 아울루스 126

네로 137, 150, 154

니체, 프리드리히Nietzsche, Friedrich 111

다르다노스 133~134

데카르트, 르네 175, 185

드 사시, 루이이삭 르메스트르de Sacy, Louis-Isaac Lemestre 186

디뒤모스, 아레이오스 16, 66~68, 70, 78, 80, 136, 143

디오게네스 라에르티오스 16, 35, 38, 55, 65~68, 77, 79~80, 86, 97~98, 100, 102, 104, 108

디오게네스(셀레우키아 출신) 26, 30~31, 52~53

디오도로스 22, 58~59

디오도투스 137

라이프니츠, 고트프리트 빌헬름 Leibniz, Gottfried Wilhelm 193

루스티쿠스, 유니우스 158

루카누스 137, 176

루크레티우스 101

루키리우스 150

루푸스, 무소니우스 16, 137, 157

루푸스, 푸블리우스 루틸리우스 135

립시우스, 유스투스Lipsius, Justus 179~180, 187

막시무스, T. 코포니우스(하가누스 출신) 138

메이츠, 벤슨Mates, Benson 181

므네사르코스 133~134

바게, 프랑수아 니콜라 조셉 기슬랭 180

바케, 야누스 180

박스무트, 쿠르트Wachsmuth, Kurt 180

베루스, 루키우스 158

보에토스(시돈 출신) 31, 149

브리타니쿠스 154

섀프츠베리 186

세네카 14, 16, 34, 99~100, 136~138, 149~154, 176, 179, 189

섹스투스 엠피리쿠스 17, 50~52, 63, 101, 103

섹스투스(카이로니아 출신) 137

소크라테스 22~23, 29, 51~52, 54, 82~83, 85, 106, 109, 149, 160

술라 21, 133, 135

스키피오 아이밀리아누스(=소 스키피오) 135

스토바이오스 16, 67, 77~80, 136

스톡데일, 제임스Stockdale, James 192~193

스트라본 146, 176

스트라톤 149

스틸로, 루키우스 아일리우스 135

스틸폰 22

심플리키우스 141

아그리피나 150

아그립피누스, 파코니우스 139

아도, 피에르Hadot, Pierre 166

아라토스(솔로이 출신) 28, 176

아르님, 한스 폰Arnim, Hans von 181

아르케데모스(타르소스 출신) 31, 135

아르케실라오스(아카데메이아) 23,
30

아리스타르코스(소요학파) 28

아리스토텔레스 23, 47, 51, 54,
59, 76, 82~83, 85, 90, 98~99,
104~105, 113, 115, 120, 125, 138,
145~149, 151, 167

아리스톤(키오스 출신) 27~28, 70,
83, 189

아리아노스 159~160

아에티우스 → 위 플루타르코스

아우구스투스, 옥타비우스 136

아우렐리우스, 마르쿠스 16, 137~
139, 157~158, 160, 164, 166~167,
190

아탈루스 137, 150

아테노도로스(타르소스 출신) 105,
136~137

아폴로니오스 디스콜로스 173

아폴로니오스(칼케돈 출신) 137

아폴로도로스(셀레우키아 출신)

31, 100

아프로디시아, 알렉산드로스 16~
17

안토니우스 158

안티오코스 133

안티파트로스(타르소스 출신) 30~
31, 148

알렉산드로스 대왕 21

알렉시노스(메가라 출신) 23

에라스뮈스 179, 183

에우독소스(크니도스 출신) 28

에우리피데스 42

에우세비오스 17

에우프라테스(튀로스 출신) 137

에피쿠로스 23, 38, 74, 101, 103,
119, 134, 138

에픽테토스 13, 18, 137~140,
143~144, 157~169, 175, 186, 190,
192~193

오리게네스 17, 139~140

우카시에비치, 얀Łukasiewicz, Jan

181

울프, 톰Wolfe, Tom 193

위僞 플루타르코스(=아에티우스) 16, 124

제논(키티온 출신) 15, 21~27, 29~ 30, 37, 66, 70, 72, 77~80, 83, 91, 95~97, 100, 102, 116, 120~121, 141, 143, 146, 180

제논(타르소스 출신) 30~31, 149

카르네아데스(아카데메이아) 30~ 31

카이레몬(알렉산드리아 출신) 137

칼뱅, 장Calvin, Jean 179, 183~184

코르누투스 16, 137

콘스탄티누스 2세 141

크라테스 22, 24

크뤼십포스(솔로이 출신) 18, 26, 29~30, 34~35, 39~40, 42~43, 46, 48, 51, 55~56, 58~60, 62, 65~68, 73, 77~80, 83, 92, 95, 98, 115, 118~123, 125~129, 143,

146, 148~149, 154, 174, 180

크리톨라오스(뤼케이온 출신) 30

크세노크라테스 22

크세노폰 22, 160

클라우디우스 황제 150

클레멘스(알렉산드리아 출신) 120~ 123

클레안테스 26~30, 39, 55, 66, 77~80, 95, 141, 180~181

클레오메데스 16

키케로 16, 25, 31, 47, 59, 66~68, 86, 94, 100, 102, 120, 123, 133~ 137, 145~147, 153

테르툴리아누스 146

테미스티오스 141

테오프라스토스 23

트라야누스 황제 138

파나이티오스(로도스 출신) 26, 30, 133~135, 145~149, 181

파스칼, 블레즈 185~186

페르사이오스(키티온 출신) 27

페르시우스 137, 176

포세이도니오스(아파메이아 출신)

26, 79, 116, 134, 136, 145~149

폴레몬 22, 149

폴리비오스 150

퐁텐, 니콜라Fontaine, Nicolas 186

프리스쿠스, 헬비디우스 139

플라톤 24, 39, 52, 84~85, 90, 99,

102, 104~105, 108, 112, 138~

139, 144~149, 151~152, 159, 180

플로티누스 17, 104

플루타르코스 117, 123, 134, 149

피타고라스 23, 128, 150

필로데모스 16, 134, 145

필론(라리사 출신) 23, 58~60, 133

헤라클레이토스 23, 27

헤카톤(로도스 출신) 79, 145, 181

호라티우스 176

휠저, 카를하인츠Hülser, Karlheinz

181

히메리우스 141

히에로클레스 117, 161

스토아주의

초판 인쇄 2016년 8월 15일
초판 발행 2016년 8월 22일

지은이   장바티스트 구리나
옮긴이   김유석
펴낸이   강성민
편집장   이은혜
편집   장보금 박세중 이두루 박은아 곽우정
편집보조 조은애 이수민
마케팅   정민호 이연실 정현민 김도윤 양서연
홍보   김희숙 김상만 이천희

펴낸곳   (주)글항아리|출판등록 2009년 1월 19일 제406-2009-000002호
주소   10881 경기도 파주시 회동길 210
전자우편 bookpot@hanmail.net
전화번호 031-955-1936(편집부) 031-955-8891(마케팅)
팩스   031-955-2557

ISBN   978-89-6735-359-9 93100

글항아리는 (주)문학동네의 계열사입니다.

이 도서의 국립중앙도서관 출판예정도서목록(CIP)은 서지정보유통지원시스템 홈
페이지(http://seoji.nl.go.kr)와 국가자료공동목록시스템(http://www.nl.go.kr/
kolisnet)에서 이용하실 수 있습니다. (CIP제어번호 : 2016019111)